元代青花瓷器的另类解读

我爱读书
我爱生活
与世博同行
青花的奥秘
暨《元代青花瓷器的呈色奥秘》首发 签售
主讲 陈逸民
柯国富
陈逸民

幽蓝神采
Splendors in Smalt

元代青花瓷器的另类解读

陈逸民　陈　莺　著

上海大学出版社

图书在版编目（CIP）数据

元代青花瓷器的另类解读/陈逸民，陈莺著. —上海：上海大学出版社，2014.7

ISBN 978-7-5671-1379-4

Ⅰ①元… Ⅱ.①陈… ②陈… Ⅲ.①青花瓷（考古）-鉴赏-中国-元代 Ⅳ.①K876.34

中国版本图书馆CIP数据核字（2014）第151221号

责任编辑　柯国富
技术编辑　章　斐
装帧设计　谷夫平面设计

书　　名　元代青花瓷器的另类解读
著　　者　陈逸民　陈　莺

出版发行　上海大学出版社
社　　址　上海市上大路99号
邮政编码　200444
网　　址　www.shangdapress.com
发行热线　021-66135112
出 版 人　郭纯生

印　　刷　上海华业装潢印刷厂
经　　销　各地新华书店
开　　本　889×1194　1/32
印　　张　11
字　　数　220千
版　　次　2014年10月第1版
印　　次　2014年10月第1次
印　　数　1～3100
书　　号　ISBN 978-7-5671-1379-4/K·125
定　　价　70.00元

目　录

前　言

元代青花瓷器的研究，已经在中国陶瓷学界成为一个十分热门的研究课题，堪比中国文学界的《红楼梦》研究，把对于元代青花瓷器的研究称之为陶瓷学界的“红学”，也不为过。

笔者曾经在《元代青花瓷器的呈色奥秘》一书中，就元代青花瓷器在使用苏来麻尼料烧制后瓷器上出现的呈色特征，作了一些简单的探索和研究，对形成这些特征的物化机理，进行了初浅的纯技术性的探讨。承蒙读者的厚爱（图1），特别是一些冶金学界和物理学界人士的关爱，使我们受到了很大的鼓舞。把传统鉴定和科技鉴定两者结合起来，探索和建立陶瓷鉴定的可靠标准体系，应该是陶瓷研究的正确方向。我们欣喜地看到，相关学者，特别是我国的陶瓷研究机构，如故宫博物院和上海博物馆等处，都在传统鉴定的基础上加强了科学鉴测的投入和研究，并在这一领域取得了可贵的成就。其实，在主流文博界，陶瓷领域的科技

图1　笔者在上海书展上签名售书

研究已经有了相当扎实的基础，而且硕果累累，为中国陶瓷的鉴定和断代作出了很大的贡献，也为机测和目测的结合打下了基础。这些成果的具体表现是：1985年第5期《硅酸盐通报》上刊载李家治的文章《中国古陶瓷科学技术研究的主要成就》、1998年10月李家治主编的《中国科学技术史·陶瓷卷》出版、2000年张福康所著的《中国古陶瓷的科学》一书由上海人民美术出版社出版、2005年10月故宫博物院古陶瓷研究中心成立、2009年6月吴隽所著的《古陶瓷科技研究与鉴定》出版等，这些都为中国古陶瓷科技研究的进展和应用作出了显著的贡献。其中，作为中国古陶瓷科技研究重镇的上海硅酸盐研究所，更是取得了举世公认的成就。鉴于这些研究的学术性和传播范围，绝大多数收藏爱好者了解得并不多，因此有必要在影响较大的媒体用较为通俗的语言介绍这些成果，这应该是文博学界义不容辞的职责。

在《元代青花瓷器的呈色奥秘》中，我们仅仅从一个很小的课题，即苏来麻尼料所产生的呈色特征来讨论了元青花瓷器的鉴定问题。在书中，我们一再强调，对元青花瓷器的鉴定，应该是全方位的，应该综合元青花瓷器的器型、胎料、色料、图案和纹饰、工艺特征、重量、底足和釉色等方面的特征作出严肃而非草率的鉴定结论，对一些似是而非的器物，不要匆忙下结论，把存疑的器物留待科学技术更为发达的年代去作结论性的意见。我们强调："我们的初衷并非是在热闹的元青花争论中扬起自己的旗帜，而是在用自己微弱的声音为保护我国的优秀文化遗产而呐喊！"[1]鉴于我们研究的范围比较狭小，有的读者认为，光凭呈色特征来判断元青花真伪有可能误导读者。我们很感谢这样的批评意见，想说的是，著述只能一点一点地展开，从学术水平来看，大而宏观的巨作非笔者能力所及，因此一开始只能从呈色特征的角度来讨论元青花瓷器。我们并不认为，仅仅凭着呈色特征这一点，就能全面鉴定元青花瓷器的真伪，这本身就违背了我们写作的初衷。需要强调的是，全面地了解元青花瓷器的研究成果，特别是全面了解元青花瓷器本身，才是掌握元青花瓷器鉴定的真正可靠的基础。

为此，我们在继续研究元青花瓷器的基础上，又撰写了这部《元代青花瓷器的另类解读》，力图在更为全面和广泛的范围内讨论元代青花瓷器的历史地位和真伪问题（图2）。

之所以把书名定为《元代青花瓷器的另类解读》，并非是想标新立异，而是不想重复前人已经强调过的许多研究成果，如图案纹饰、器物造型等。当然要完全避开上述领域的讨论几乎是不可能的，而是着重关注陶瓷研究中比较不为人重视的研究领域，借助其他学科的知识，比如从社会学、文化人类学和统计学等方面展开一些论述，以便使读者的阅读和体会更为接近自己的心理常识和认知范围。为此，我们会讲述一些元青花瓷器收藏领域中饶有趣味的故事，尽管这些故事以散文化的笔调娓娓道来，但一定遵循严格的学术规范，说出它的来龙去脉，以让读者信服。

讨论元青花瓷器，无论是它的真伪还是它所载负的历史信息，都应该从元青花瓷器器物本身来展开研究，而不应该从书本上的命题着手，学者们不应该用实物来证实自己的观点或者说书本上已有的结论，而应该用元青花瓷器器物本身来提炼自己的学术结论，这才是科学的研究态度。为此，本书所作的主要叙述，都是建立在元青花瓷器实物基础上的讨论，把我们所能知道的元青花瓷器作一个客观的介绍，以便读者在了解我们的观点之前，已经对元青花瓷器有了一个直观的认识。当然，在客观地介绍元青花瓷器的同时，我们也会结合瓷器本身透露的历史信息、文化信息和艺术信息，作些简单的铺垫，以便为读者以后的阅读打下基础。当读者在观察了二百余件馆藏元青花瓷器以后，自己的阅读就会带着批判的眼光，就不会被他人的观点所左右，这样，对于作者和读者之间的互动会有无穷的益处。

图2　笔者在博物馆参观元代青花瓷器

为了避免误导读者，我们在选择元代青花瓷器的图片时，采用了学术界比较公认的馆藏元青花瓷器，或者是有明确出土地点的展示品。选择这些瓷器，并不表明我们否定其他元青花瓷器的存在。在可靠的研究前提下，我们也谨慎地选择了一些民间或市场上的元青花瓷器，如安徽省博物馆展出的几件私人藏品、陕西省关中民俗博物馆收藏的元青花龙纹大罐和四川省成都市华通博物馆收藏的两件玉壶春瓶，以及黄云鹏先生个人收藏的元青花瓷器，供读者欣赏。我们欢迎读者提出不同的意见，有益的争论只会加深学术界和收藏界对元青花瓷器的认识。

我们还想告诉读者的是，本书所有的元青花瓷器的图片，都是笔者自己或者友人历年来亲自拍摄的。我们绝不翻拍书籍上的元青花瓷器图片来展开解读，本书的瓷器图片都是实物拍摄，这些图片对于我们观赏元青花瓷器，应该有特别的帮助。

同时，我们在书中，还会提出一些不同的意见与一些著名人士进行商榷，我们十分尊敬这些学者和专家，但是千万不要以为商榷是某种不敬行为，亚里士多德说过："吾爱吾师，吾更爱真理。"对专家学者的不同意见也是这种感情的体现。

在元代青花瓷器的研究中，有一个不好的风气，文博系统的研究人员和非文博系统的研究人员不仅成为两股道上跑的车，而且往往还成为对立的两股力量。这里的所谓非文博系统研究人员也就是平常所说的民间学者，他们中的不少人其实在自己的领域都是佼佼者，因为爱好收藏而研究起文物来，特别是研究起元青花瓷器来。如果这两股力量能够拧成一股绳，那对元青花瓷器的研究有百利而无一害。老实说，二十年前，许多民间藏家对文博系统的学者都是抱着崇拜的心情仰望这些学者，由于种种原因，这种仰望演变成如今的对立甚至俯视。因为其中不少人经过数十年的努力，自身也已经成为不折不扣的文物专家。其实，这些对立的存在有一些是因民间藏家言语不谨慎的缘故，但系统内的专家也应该正视自身的不足。比如，在上海博物馆的元代青花瓷器大展上，有位十分受人尊敬的学者在向大众宣讲时说，这次大展中伊朗送展的元青花瓷器，仅在首都博物馆元青花瓷器展上展出过几件。其实，这是不了解民间元青花研究者的努力。早在2007年，在许明先生的努力下，就有3件伊朗馆藏的元青花瓷器远涉重洋到开封博物馆展出。如果一个研究人员对这种重大的元代青花瓷器展出活动都不了解，漠视或者不想了解民间的研究成果，就实在有点说不过去了。所以，我们真诚地希望这两股力量汇合起来，这必将开创我国元青花瓷器研究新局面。

作为一个陶瓷工作者，特别是研究青花瓷的研究者，应当密切关注相关的考古成果和学术活动，不必斤斤计较其他非学术的因素。比如对于唐青花的问题，如果还是只了解扬州出土的唐青花瓷片和残件，如果还在为黑石礁出水的几件唐青花小碟子没有落户国内而遗憾，就会对青花瓷器的起源及其相关的研究裹足不前。其实，在河南考古发掘中，已经发现了唐青花的大器，已经发现了上面的人物纹饰，它对中国陶瓷史的研究，对中国陶瓷纹饰的研究，对中国体育史的研究，都有划时代的意义。这样的唐青花，对元青花瓷器的研究，也有着十分宝贵的意义。唐代青花瓷器一般很少露面，这件唐青花塔形瓶（图3、图4、图5），是郑州考古工作者在2006年于郑州市上街峡窝7号墓出土的器物，它出土时成双成对，瓶身绘牡丹和童子步打球，它的用料、发色皆符合学术界对于青花瓷公认的界定标准，而且体量硕大，保存完整，是一件成熟的青花瓷作品。它的出土对于我们重新认识唐代的青花瓷器，认识唐代青花瓷器的器型、数量和复品，有着非同一般的意义。

图3　唐青花塔形瓶

作为一个长期浸润于自然科学教学的工程师和一个对数字和资料特别敏感的考古学者，我们对全面了解国内外馆藏元青花瓷器的概貌，有着强烈的偏好，因此在参观和外出学习时，并在友人的帮助下，使我们掌握了232件元青花瓷器的实物照片，这个数字尚未

图4　唐青花塔形瓶花卉纹（局部）

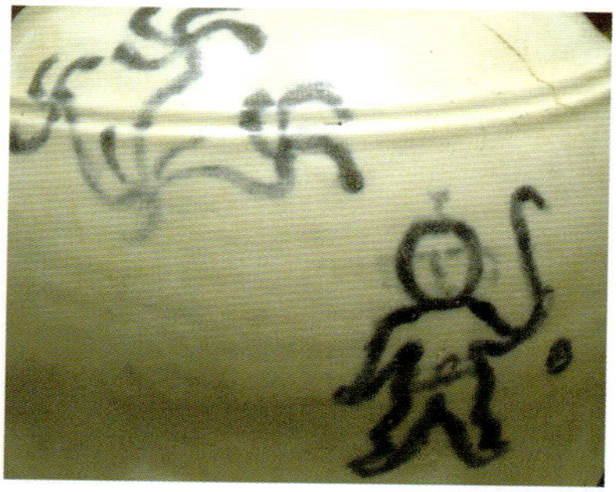

图5　唐青花塔形瓶人物纹（局部）

包括最新出土和出水的元青花瓷器，当然更不可能包括国内外馆藏元青花瓷器的全部。光说国内，中国之大，大大小小博物馆数以千计，没有文物部门尽全国之力，要想彻底搞清这份家底是完全不可能的。我们没有添上山东新出水的元青花梅瓶，而把南京2011年4月徐君叙墓出土的蓝釉梅瓶的远景放在书中，心中不免有点得意，恐怕这是最新的资料统计了！但是，当新的一期收藏杂志上刊出陕西咸阳市长武县博物馆旧藏的一件人物和象纹的元青花罐时，我们忽然明白：元青花的探索和研究是一个与时俱进的过程，不断地研究可以接近真理，却不会穷尽真理！没有一个人或者说没有一个团队能够完全搞清楚国内究竟有多少元代青花瓷器，因为出土和出水的元青花瓷器还会出现，后人的统计会更加完全，这是一个漫长的过程，没有必要毕其功于一役。比如，在本书将要介绍的一件出土于宁夏银川西部影城明代城墙遗址的元青花瓷器，就没有引起文博系统的关注和重视，因为其装饰风格的特殊性，在诧异元青花瓷器纹饰的装饰风格的多样性的同时，还会有人怀疑它的身份。又比如，南海出水的元青花瓷器也没有太多的展示，尽管上海博物馆的元代青花瓷器大展有几件瓷片，却还不能展示海捞元代青花瓷器的全貌。诸如此类的遗憾还会在本书中不断出现，遗憾是必然的，对元代青花瓷器的研究和探索怎么可能被穷尽呢？由此可见，用正确的哲学观点来指导我们的元青花瓷器探索和研究，是十分必要的。

本书的内容会围绕着这232件馆藏元青花瓷器展开，并由这232件元青花瓷器制作相应的图表，不同分类的图表会提供我们研究元青花瓷器的不同视角，相信读者和我们一样会认真阅读和思考这些图表，任何以僵硬的思维方式来讨论元青花瓷器的存世数量，其立足点本身就陷入了形而上学的泥坑。

232件国内外元青花瓷器的统计数字和图片，这就是本书立论的依据，离开了实物，元青花瓷器的研究只能是无源之水和无本之木。当读者在观赏和琢磨这些国内外的元青花瓷器时，完全可以得出自己的研究结论，你们的结论也许和我们的观察并不一致，也许更有见地更为精辟，这样才能把我国的元青花瓷器研究推向一个新的高度，能让国人可以自豪地宣称：元青花瓷器主要在国内，元青花瓷器的研究主要也在国内！

下面，就让我们进入元代青花瓷器的缤纷世界。

愿本书在元代青花瓷器的研究中，能掀起一朵小小的浪花。

①陈逸民、陈莺：《元青花瓷器的呈色奥秘》，上海大学出版社2010年版，第4页。

一 从瓷片开始

在对元青花瓷器进行另类解读前，有必要把收藏界和文博界对传统鉴定的不同态度作一个简单介绍，这对理解本书的另类解读有一定的帮助。

在相当多的收藏者中，或者说一些主流文博系统的学者中，强调对瓷片的研究，他们往往认为只有对各个时期的瓷片有了真正的了解，才能真正掌握瓷器鉴定的本领。道理很简单，因为在瓷片上不仅能观察到瓷器的色彩、工艺和纹饰，如果带底足的瓷片还能看到底足的形状和特征，甚至能观察到整器看不到或者说很难看到的胎和胎釉结合的状况，这是完整的瓷器所不能提供的信息。个别人甚至把对瓷片的研究上升到绝对的高度，认为只要学会鉴定瓷片，就能绝对掌握瓷器的鉴定。当然，一些严谨的学者并不排斥整器的鉴定，而只是把重点放在瓷片的研究上。

另外一些收藏者或者研究者，强调的是对器物整器的观察和研究，他们认为，离开了瓷器的整器观察，就完全不能理解器物的神韵，不能观察纹饰的全貌，不能把握器物的整体造型工艺，就会陷入以偏概全的陷阱。其中个别的研究者往往不屑于瓷片的研究。当然，一些严谨的学者也不排斥瓷片的鉴定，而只是强调瓷器完整器研究的重要性。

在对元青花瓷器的另类解读中，我们采取怎样的态度呢？

我们从瓷片开始，更强调整器的研究，把两者结合起来，才能使瓷器的传统鉴定更趋完美。在本书中，对元青花瓷器的讨论虽然围绕着传统的鉴定方法展开，但还会介绍一些科技检测的成果，以便拓展思路，使解读能够给人面目一新的感觉。

在收藏市场上，最有可能碰到的是元青花瓷器的残片，许多人都以这样的瓷片来讨论元青花瓷器的真伪。这种选择，能不能使读者真正解读元青花瓷器的真谛呢？

对于多数收藏者来说，元青花瓷器是可遇不可求的，因此，许多收藏者对于元青花的瓷片情有独钟，但是，市场上碰到的元青花瓷片，也有一个真假的问题，也需要认真的研究和小心的判断。笔者曾经在上海的收藏市场上看到一件元青花瓷片，瓷片上绘有水草鳜鱼纹，而鳜鱼也仅留有头和大半个身躯，就是这么一个纹饰也不全的瓷片，开价12000元。许多收藏者听到难免要吃惊，这个价似乎高了些！

对于这个价位，有两种不同的认识：一种认为，元青花虽然珍贵，但瓷片要这个价，有点离谱；一种认为，元青花瓷片就要这个价，所谓几十元钱的元青花瓷片都是假的。

其实不能纯粹以价格来判定元青花瓷器的真假。如果这件元青花瓷片是真的话，开12000元的价格也合理，但是，绝不能认为几十元买来的同样的瓷片一定是假的。决定市场上瓷片价格的因素有很多，比如对瓷片的认知度、出售者手中瓷片的数量和质量、瓷片的出售地点即市场的等级、买卖双方讨价还价的能力、买卖双方的经济状况、买卖双方居住地与市场的距离、买方对瓷片的需求程度、卖方瓷片的进货渠道等等。古玩行的价格不是由工商部门决定的，也不一定遵循一般的价值规律，它不仅决定于供求关系，也决定于货物的来源。上述因素都会影响某一件买卖的价格，所以不能单纯以价格来定真伪。

然而，即使以12000元的价格买下这件水草鳜鱼纹瓷片，能否以此来作为元代青花瓷器的标本呢？

严肃的学者一定会作出否定的答案，即使这件元青花瓷片的胎、釉、纹饰和发色都和真正的元青花瓷器完全一致，也不能把它作为元青花瓷器的标准器。因为它不是可靠的出土物，它的来历本身就排斥了它作为标准的可能。有的研究者把高价买来的元青花瓷片作为参照物，用自己手中的这种参照物来判断其他元青花瓷器的真伪，这样的鉴定实在是不可靠的。买来的瓷片，哪怕是10万元一片，也不能作为标准器，更不要说还要拿这样的瓷片去否定收藏者手中的元青花瓷器了。当然，我们并不是说，用高价买来的元青花瓷片一定是假的，我们只是说，这样的瓷片不能作为标准器而已。

最可靠的元青花瓷片应该出自窑址，当然，任何在窑址收集瓷片的行为，都应该遵守国家的文物法规。而科学发掘的窖藏和墓葬出土的元青花瓷片也是我们赖以信任的标准物，解读这些标本，可以为元青花瓷器的真伪鉴定树立一个参照体系。我们把博物馆或博物馆人士收藏的出土的元青花瓷片提供给大家观赏，以此开始，一件一件地把我们能够了解的元青花瓷器，提供出来，共同欣赏，所谓独乐乐不如众乐乐，就是想把相关元青花瓷器的知识，成为收藏大众都能了解和掌握的精神财富。

前面已经说过，相当一部分收藏爱好者是瓷片的崇拜者，好像只要掌握瓷片的鉴赏知识，就能对元青花的鉴定了如指掌。

瓷片对瓷器的鉴定有相当大的作用，我们也从瓷片开始我们的元青花之旅。这件青花菊纹瓷片摄自于张浦生先生的讲座，很显然这是一件出土的青花瓷片（图1-1）。它是不是元代的呢？景德镇洪武地层出土的元青花菊纹瓷器（图1-2），把两者作一比较，可以看出其中的差异。首先，景德镇洪武青花的菊纹呈扁圆形，花蕊有网格纹，花瓣大小基本一致，其青白色之比呈规律，从发色来看，青花部分略显偏灰。而图1-1的菊花纹饰却呈圆形，花蕊的网格纹更为明显，花瓣大小不一，其青色和白色之比不显规律，青花部分带

图1-1　元青花菊纹瓷片

图1-2　元青花菊纹瓷器（局部）

有明显的青翠色。两者更为不同的是，其锡光的表现程度明显存在差异，图1-1有十分强烈的锡光，这从图1-3上可以更为明显地察觉。其次，两者叶子的形状也各不相同，图1-1的树叶还能看出葫芦状的韵味，显复杂肥胖，而图1-2的青花叶子明显向飞燕状过渡，呈简单细瘦状。更为明显的也是叶子上“锡光”的表现有明显的反差，这在图1-4上有更为刺眼的感觉。因此，综合这两件瓷片在青花发色、苏料特征和纹饰特征诸方面的分析，可以说，前者就是一件典型的元青花瓷片，事实上，张浦生先生的确是把这件瓷片作为元青花的标准来讲解的，它应该是一件可靠的出土标准器。

图1-3　元青花菊纹瓷片上的刺眼的锡光（局部）

图1-4　元青花菊纹瓷器上的刺眼的锡光（局部）

应当感谢张浦生先生对元青花瓷器的介绍采用可以信赖的标准器物，有利于鉴赏者从一开始就能走对方向。

下面的瓷片图除了特别注明之外，都来自张先生的讲课，我们不再把它与博物馆的标准器进行比较，而是直接用来作为参照的标本。

这件元青花莲花鸳鸯纹瓷器残片（图1-5），更具参考价值的是它带有一个完整的底足。这件瓷片除了特有的苏来麻尼料特征：如晕散、黑斑、铁斑、锡光、串珠状凝聚等外，从图案纹饰的出现部位来看，也能摸索元青花瓷器纹饰规律。莲花鸳鸯纹是元青花瓷器上的常见纹饰，许多介绍元青花鉴赏的书籍都作过介绍。当然，我们还是要强调认识的先后次序，先有元青花图案这样的实物，才有在此基础上的结论。同时，应该注意的是，这种图案往往出现在器物内部，比如碗心或盘心，这从图1-6就可以得出结论。在底足上我们还能看出什么呢？第一，胎土淘冶不清，含铁量较高，烧制后有明显的灰黑色斑点，大小不均地显现在底足上；第二，底足特征有圈足、足厚、内外壁均为直壁、外壁斜削等明显特征；第三，糙底，底面有旋纹。这些特征都可以作为我们鉴别元青花底足的参考标准，但不是绝对的标准，比如底面有否旋纹，就不是唯一的。从这件元青花莲花鸳鸯纹瓷片的侧面，可以清楚看出器物的壁厚（图1-7）。一般来说，元青花器物壁都比较厚重，但胎料精选程度较差，颗粒大小也不均匀。

把以上特征作为鉴定元青花

图1-5　元青花莲花鸳鸯纹瓷片

图1-6　元青花莲花鸳鸯纹瓷片的底足

图1-7　元青花莲花鸳鸯纹瓷片的侧面

图1-8　元青花高足杯残件

图1-9　元青花高足杯残件的底足

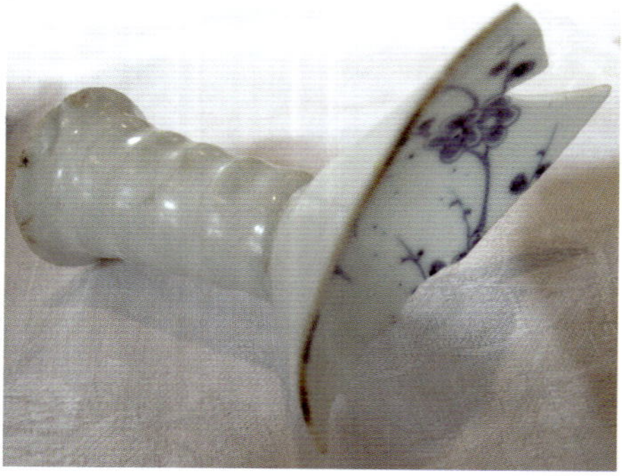

图1-10　元青花高足杯残件的薄胎

瓷器的唯一标准，正确不正确呢？

请看元青花高足杯残件（图1-8），这件高足杯残件上的梅花图案，是非典型的元代纹饰，问题是这件瓷片上青花的发色也是非典型的苏料青花，只是在少数蓝色浓郁处有些许锡光。它的底足（图1-9），从底足的胎土的淘冶情况和明显的灰黑色斑点来看，却和上面介绍的元青花的胎土情况相吻合。问题是它并不像典型的元青花瓷器那样呈现壁厚胎沉的感觉，从图1-10上明显可以看出这是一件薄胎的瓷器。对于这样一件青花发色和薄胎的瓷器张浦生先生还是作为元青花瓷器的标准器来介绍。他指出，这是一件用含钴较高的成分青花料来烧制的元青花瓷器。在讲课中，张先生没有列出这件瓷片的化学成分，他只是从青花发色的对比中陈述了自己的观点。在上手观察了这件瓷片后，我们认同张先生的观点。因为，尽管这件瓷片的青花发色比较青翠，和典型的元青花瓷器的发色并不一致，但它的确还存在

图1-11　发色淡雅偏灰的元青花瓷片

图1-12　发色淡雅偏灰的元青花瓷片的底足（局部）

着苏料青花的特征，而且从高足杯的器型来看，也还带有明显的元代造型特征。张浦生先生把这样的瓷器定为元青花，可见其不拘泥于成规的见解。

图1-13　发色灰蓝的元青花瓷片

还有一类青花瓷器，张浦生先生把它定为锰钴比较高的元青花瓷器，其特征就是青花的发色比较灰暗（图1-11、图1-12、图1-13）。可惜的是，张先生也没有给出这些青花的化学成分，还不能从科学上论证这个锰钴比的关系和青花发色之间的联系。当然，从发色淡雅偏灰的底足来看，这种带乳钉的底足，确实是元末明初瓷器的造型特征。而发色灰蓝瓷片的底足（图1-14），虽然已经破损，但从它的胎土情况和人物造型来看也应该是元代器物无疑。但是我们并不认同张先

图1-14　发色灰蓝的元青花瓷片的底足（局部）

生的观点。上述瓷片显示的青花发色，并非锰钴比高的结果。钴当然是蓝色的主要化学材质，而锰在色料的作用却是紫色，各种不同化学价的铁会呈现黄、棕、褚色甚至灰黑色。当然，这种不同的呈色表现会因为比例的不同和升温速度以及最终温度的不同而不同，其反应机理是极为复杂的。这种褚色或者说灰黑色的青花呈色，并非锰钴比例高的缘故，实际上是铁含量高的作用。“青花色料泛出褐色主要是含铁较高，其Fe_2O_3/CaO比较高的缘故，铁的着色起了一定的掺合作用，致使钴的鲜艳蓝色的着色受到一定影响。当色料浓度高时则由于铁含量相对增高和受到氧化时而显出褐色色彩。”[①]除了铁含量较高的原因外，炉窑的温度和气氛也是使这类青花呈色如此的缘故。其实从图上，是可以明显看出苏来麻尼料所特有的呈色特征，即晕散、黑斑、铁斑、锡光和串珠状凝聚等。可以毫无疑义地说，这样的青花发色是铁锰比较高的作用，所以，把这类瓷片作为锰钴比高的标准元青花显然是不妥的。

这也是张浦生先生讲课时用作标准的瓷片，它的釉色、纹饰和青花发色特征，烙上了深深的元青花印记（图1-15）。这件瓷片上面有一个明显的蒙文标记，张先生把它说成是一个蒙文款。从标签来看（图1-16），译成汉文就是至正二年的意思。这个蒙文款很值得研究：第一，这件带有明确记年款的瓷片，从残存的器型来看，应当是一个不小的花口盘；第二，它的青花发色十分鲜艳，和国外所藏的至正年间的元青花瓷器完全类同；第三，这个至正年间的蒙文款很可能是官窑的标记；第四，它打破了元青花瓷器无款的一般认识，有蒙文款，也为元代瓷器上的汉文款作了最好的注脚，要否定元

图1-15　带款的元青花瓷片

代瓷器无款的结论，这件瓷片提供了证据；第五，款标在盘沿口，说明宣德年间所谓“款满器身”的说法，特别是宣德款常常出现在器物的口沿部位，是在元代就开始的做法；第六，从这件带款的元青花瓷片另一面可以看出，元青花的纹饰绘制工艺，采用了不同的表现方式，既有白地蓝花，也有蓝地白花，即所谓的“反青花”工艺（图1-17）；第七，至于这件瓷片上所呈现的苏料特征，这里就不再一一叙述了。

图1-16　带款的元青花瓷片（局部）

图1-17　带款的元青花瓷片的侧面

这件标准的至正型元青花瓷片提供给我们的信息绝对不止这些，有兴趣的读者可以继续自己的探索。

上面的讨论都是围绕张浦生先生提供的元青花瓷片展开的，通过这些瓷片可以领悟这样的道理：

①元青花瓷器器型的多样性；

②元青花瓷器器壁厚薄的多样性；

③元青花纹饰的多样性；

④元青花瓷器发色的多样性；

⑤元青花瓷器款的多样性；

⑥元青花瓷器工艺的多样性；

⑦元青花瓷器的底足特征；

⑧元青花瓷器的胎料特征；

⑨元青花瓷器人物绘画的特征；

⑩元青花瓷器青花的呈色特征。

还可以列出更多的相关研究，但是这些已经能够说明元青花研究中一个带有根本性的问题，即绝没有一件或者多件标本能作为元青花瓷器真伪的唯一的绝对的标准！

下面几件也是元青花瓷片（图1-18、图1-19、图1-20），它们陈列在不同的博物馆展柜中，有的说明是采集品，有的没有说明出处，我们可以相信，也可以怀疑。从眼学的角度看，作者认为它们尽管有着不同的表现形式，也还可以认为是元青花瓷片。这里又提出一个问题，非科学发掘的瓷片也可能被专家认可为元青花瓷器的残片。

这就是我们从瓷片开始的元青花之旅。从实物开始，有结论更有问题，有瓷学本身的讨论，更有社会科学的思考。

在书中，有许多苏来麻尼料特征的分析，有关苏来麻尼料烧制的青花瓷器所表现的呈色特征，请参看拙作《元代青花瓷器的呈色奥秘》（上海大学出版社2010年版），这里不再详述相关的问题。但要说明的是，元青花瓷器的呈色特征，即高铁低锰的化学成分带来的诸多黑斑、铁斑等现象，在以铁为呈色剂的彩绘瓷中，都有可能出现，磁州窑的釉下褐彩瓷器就有可

图1-18　南宋官窑博物馆陈列的元青花瓷片

图1-19　元青花莲荷牡丹纹大盘瓷片

图1-20　青花莲菊纹水仙花盆瓷片

能出现上述特征。过去被误认为元青花瓷器的湖北省博物馆陈列的塔式盖瓶（图1-21），上面虽然有明显的黑斑和铁斑，但经过科技检测它是一件釉下褐彩瓷器，其原因是它所使用的彩料为铁剂而非钴料，因此它并不是一件元青花瓷器，这是必须纠正的观点。用钴料烧制的釉下彩瓷才能称为青花，而用铁剂作为彩料烧制的釉下彩瓷器只能称之为褐彩瓷器，这一点在学术界是已经达成共识的结论。所以读者不能以偏概全，凡发现有黑斑和铁斑特征的就一定认为是元青花。强调这点，是因为《元代青花瓷器的呈色奥秘》一书出版以后，不少读者都把上述特征作为判定元青花瓷器的唯一标准，这可能是我们在书中没有强调钴料和铁剂不同作用和不同命名方式的原因，这是需要向读者说明的。

图1-21　被误认为元青花的塔式盖罐

本书解读元代的青花瓷器，当然会涉及瓷器的器型、工艺、发色和纹饰等问题，但本书更多地从社会学、民俗学和统计学的角度去讨论元代青花瓷器的相关问题，从而多角度地认识元青花这个一直困扰着我国陶瓷学人的谜团。

为此，本书在后面的章节中主要介绍元青花的整器，以及出土的概况，以便读者对元代青花瓷器制作的社会情况有个明晰的了解，从而避免被某些观念误导，以至丧失认识元青花的机会。

对张浦生先生的讲座及其提供的元青花瓷片资料，笔者深表感谢（图1-22）。

图1-22　笔者和张浦生先生（右）的合影

①李家治主编：《中国科学技术史·陶瓷卷》，科学出版社1998年版。

二　没有争议的民间元青花瓷器

民间有没有元青花瓷器，这本来应该是一个不成问题的问题，问题是现在它已经成为一个大问题！关键还是那个鬼谷子下山图元青花大罐的问题，它拍了一个天价，使得元青花瓷器无比珍贵，如此珍贵的元青花瓷器怎么可能还存留在民间呢？

这个问题的奇怪之处是恰恰忘记了鬼谷子下山图大罐本身就是一件民间藏品！博物馆的东西，哪怕是国外，也是不会轻易送上拍卖市场的。

有人会说，这是富贵人家的东西，普通平民百姓家是不可能有这样珍贵的元青花瓷器的。

这里先来讨论一个问题，元青花瓷器珍贵不珍贵？

元青花瓷器当然珍贵，不珍贵它如何会有2亿多元的天价？也就是说，2005年从鬼谷子下山图罐拍卖以后，元青花瓷器的价格飞上了天，成为珍贵和稀有的代名词。

先回顾一下元青花瓷器在不同年份拍卖市场上的不同表现。

2003年11月26日，北京华辰拍卖公司在北京王府饭店宴会厅翡翠厅拍卖的元青花行龙牡丹纹兽耳大罐，起拍价是45万元，成交价为209万元。另一件元青花海水云龙纹罐，以咨询价预展，以462万元成交。这就是2003年时候的元青花瓷器的市场行情。

过了两年半，华辰2006年春季拍卖中，一件以咨询价预展的元青花缠枝牡丹纹罐，以1372万元成交，看一看它的介绍：

“元青花”瓷器如今已成为珍罕、贵重与典雅的代名词，每次亮相必将引起陶瓷学术界和市场的瞩目。2005年7月13日，在伦敦举行的佳士得“中国陶瓷、工艺精品及外销工艺品”拍卖会上，元青花鬼谷下山图罐在8分钟内以15688000英镑（折合人民币约2.26亿元）成交，创下中国瓷器拍卖的最高记录。而入选此次华辰春拍的元代青花缠枝牡丹纹大罐，被有关方面评价是“造型典雅大方，纹饰描画自如，青花发色均匀，釉光清丽温润，为典型的至正型器物，是元青花瓷器中屈指可数的重器”，其拍卖情况值得关注。

从艺术鉴赏的角度分析，2006年华辰拍卖的牡丹纹罐无论如何不能和海水云龙纹罐相比，但价位却是后者的3.5倍。升幅之快，令人咋舌！其关键就是时间，以鬼谷子下山图罐拍卖的时间为分界线，在此之后，元青花瓷器的拍卖行情往往成为看不懂的天价。2006年缠枝牡丹纹罐的拍卖是在鬼谷子下山图罐成交之后，一切都变了，元青花瓷器从贵重变为珍贵了！一字之差，不仅是价格的陡升，更是使元青花成为家喻户晓的古代瓷器。谁要说元青花不珍贵，不要说文博界收藏界不答应，普通老百姓也不会答应。

有一个老妈子就不答应！

下面来看《辽沈晚报》2007年12月26日的相关报道：

新华报业网讯，曾经报道过一件在鞍山发现的元代青花八棱瓷罐有着特殊的身价。因为全世界仅存两件，这个瓷罐的市场价值估计在2亿元人民币以上，成为鞍山市博物馆的“镇馆之宝”。

报道推出后，当年把国宝卖给文物站的人已经向法院提起诉讼，要求与鞍山市博物馆撤销当年的“买卖合同”。

婆婆送儿媳祖传瓷罐

67岁的刘大叔和谢大婶老两口是这个青花八棱瓷罐当年的拥有者，在看到本报报道之前，老两口对这个青花瓷瓶的市场价值一无所知。直到本报披露这件瓷罐的“天价”身份后，老两口的生活被彻底打乱了。

刘大叔的祖籍是河北东光县东北营村，祖辈里曾有人在朝廷做官，这个青花八棱瓷罐就是家里祖传下来的宝贝。1963年刘大叔和谢大婶结婚后一直在鞍山生活。当年谢大婶每个月只挣38.5元钱，除了抚养孩子补贴家用之外，孝顺的谢大婶每个月坚持往河北婆婆家寄20块钱。在河北老家，街坊邻居都知道刘家远在鞍山的儿媳特别孝顺，刘大叔的父母也特别喜欢这个儿媳妇。

1974年，谢大婶带着4岁的女儿坐火车到河北老家探亲时，婆婆就把家里祖传下来的青花八棱瓷罐和一些古董送给了她。这是一件通体布满多层纹饰的松竹梅纹八棱大罐。罐高39.7厘米，口径15.3厘米，腹部八面绘有松、竹、梅及莲池水禽图，纹饰繁密，质地晶洁，绘画生动，气韵非凡。回家的路上，谢大婶和女儿小心翼翼地保护瓷罐，生怕不小心碰碎了。

30年前20元卖瓷罐

当时刘大叔和谢大婶住在一间平房里，地方小，孩子多，两口子总怕孩子玩耍时不小心将瓷罐碰碎。就在这个时候，两口子听说鞍山成立文物站，专门收购民间文物，两人一商量，与其放在家里怕碎，不如放在文物站里。

1977年的一个星期天，谢大婶和女儿用从河北老家带来的家织布将青花瓷罐包起来，用木棍扛着从铁西大路一直抬到文物站。当时一同带去的还有一尺二寸高的紫砂泥筒，是用来装鸡毛掸子的，一个装头油的古代崩瓷圆盒。

据老两口回忆，当时收购文物的一位工作人员反反复复看了这个青花瓷罐好几遍，又和另一位工作人员商量后说这三样东西不值钱，他们给18块钱。谢大婶觉得有点少，工作人员商量一会后，又添了两块钱。就这样，文物站以20块钱“收购”了这三件古董。这20块钱在当年相当于一个人半个月的工资。

专家现鉴定其值2亿元

事情过了一年，有一天刘大叔接到文物站工作人员电话说“有好事”，让他到文物站去一趟。文物站又给刘大叔补发350元钱。即使这样，刘大叔也不清楚这个青花瓷罐的具体价值。本以为事情就这样结束了，哪知30年后事情又发生了变化。

事后经过经专家鉴定，八棱罐是极为罕见的元青花瓷器珍品，全世界仅发现两件，除鞍山面世的这件以外，另一件在泰国古都素可太塔基下出土。据了解，由于元代统治者不太习惯用瓷器而独钟金银制品，这使得真正的元青花存世量极少。有关数据表明，目前国内外仅存300件左右，其中大件器物，如大盘、大瓶、大罐等更是十分稀罕，而且多深藏于国外。

那么一个青花八棱瓷罐为何会有2亿元的经济价值呢？据了解，2005年7月，一件绘有“鬼谷下山”图案的元青花人物大罐在伦敦佳士得拍卖行以1568.8万英镑（约合人民币2.3亿元）成交，创下了迄今为止中国古代艺术品拍卖天价，而这件大罐是圆形罐。

专家认为，像八棱罐这种八个面的元青花瓷器罐价值要高于圆形罐，也就是说如果拍卖，八棱罐成交价也将在2亿元人民币以上。不过这件元代青花八棱瓷罐已成为国宝，所以这个价格只是估价，根本不可能被拍卖。

老两口要索回国宝

即使是个估价，当刘大叔和谢大婶老两口从媒体上得知这一消息后也大吃一惊。“当年收购文物的人根本没有告诉我们这瓷罐的真正价值和文物年代，否则无论如何我们是不会卖20块钱的。”前日，老两口已经委托律师向鞍山市铁东区人民法院提起诉讼，要求与鞍山市博物馆撤销当初的买卖合同，要回瓷罐。老两口同时表示，如果要不回来瓷罐，他们希望按照青花八棱瓷罐的实际价值得到适当的补偿。

刘大叔和谢大婶的代理律师辽宁浩扬律师事务所苟颖律师认为，当年谢大婶两口子不知道这件青花八棱瓷罐的真正价值和收藏价值，所以与文物收购站达成协议时也显失公平，存在重大误解。在这种情况下，根据《合同法》相关规定，依法可撤销或者变更合同。谢大婶两口子也有权要求博物馆返还瓷罐或者要求适当经济补偿。

记者同时与鞍山市博物馆取得联系，博物馆方面表示他们还不清楚刘大叔和谢大婶到法院起诉这件事，不过博物馆方面表示一切按照法律程序进行。

我们不知道这件事情最后的法律结果，这个真实的故事告诉读者，民间确实有元青花，而且也不一定是在现在的富贵人家。这件惹上官司的元青花开光松竹梅纹八棱罐(图2-1)，它当时就从18元涨到20元，涨幅超过了

图2-1 元青花开光松竹梅纹八棱罐

10%，一年后又加了350元，涨幅为1750%。近40年前的这种涨幅，从相对数字来看，已经相当珍贵，但从绝对数字来看，老人绝对不会答应。这就是所谓元青花瓷器珍贵和天价的故事！这也是对民间没有元青花瓷器一说必须重新认识的故事！

故事还不止一个，无独有偶，远在新疆也发现了一个元青花瓷器，不过，这件元青花瓷器却以农民的爱国热情而被人传颂。

“乌鲁木齐在线”讯：

3月20日至6月21日，首都博物馆举办“青花的记忆——元代青花瓷文化展”。一件由伊犁州博物馆送展的元代青花凤首扁壶引起了国内瓷器研究专家的注意，它与首都博物馆的镇馆之宝——出土于北京西城区的元代青花凤首扁壶交相辉映，鸾凤和鸣。

这件元代青花瓷器，正是约11年前，霍城县芦草沟镇西宁庄村回族残疾农民马忠从自家农田挖出后上交当地文物部门的。

如今，马忠携妻远离家乡在克拉玛依市打工。他并不知道，那件他在约11年前挖出的瓷器，正在北京参展。

马忠家里收藏着荣誉证书和证明

在互联网上得知，正在北京举办的“青花的记忆——元代青花瓷文化展”上，有一件伊犁州博物馆送展的元代青花凤首扁壶，正是霍城县芦草沟镇西宁庄村农民马忠挖出后上交的珍贵文物后，记者于5月8日赶赴西宁庄村了解情况。

当天下午，到达西宁庄村后，记者才被西宁庄村村委会主任马德告知：马忠不在家，携妻到克拉玛依市打工去了。

记者还是来到了马忠家，这是一个由几间土房围成的农家小院，和周围邻居的房子相比，看得出马忠的家境并不好。

马忠22岁的大女儿马玉芳在家。她说：“我当时很小，才上小学，对挖出文物的事记得不太清楚了。”随后，她从里屋翻出一本荣誉证书和一张证明。

荣誉证书上写有“为表彰马忠同志爱护文物，主动上交出土文物的行动，特发此证，以资鼓励”等字样，落款为伊犁州文物管理所，并盖有公章，落款日期为1999年6月18日，该日期与伊犁州文物管理所拿走青花瓷的证明上的日期相同。

就在这时，马忠的母亲从外面回来了，她对约11年前的事情记忆犹新。

“那是一个像茶壶的白颜色带蓝花的东西，儿子从个人地里挖出来的。”老人用手比画着说，“听说是个值钱货，来了好多买主。村里村外看稀罕的人来了不少。”

“因为这个东西，家里的正常生活都被打乱了。村里的人都说我儿子太老实了，不应该交给公家，应该卖掉。”老人说，“但那是国家文物，卖是违法的，可放在家里又招贼，提心吊胆地过了几个月，最后儿子给文物部门打电话把它拿走了，家里才算安稳了。”

当年马忠挖出元代青花瓷时，马德也在现场。马德说：“一个老实人，家里难行(困难)得很，当时要是偷偷卖掉，他家里也不至于现在这么难行。”

挖掘现场六个土包如今只剩两个

在马德的引领下，记者当天又来到马忠当年挖出元代青花瓷的农田。顺着马德所指方向大老远望去，是一片绿油油的麦田。

马德回忆，1998年8月，村里一个叫二沙的木匠盖房子，左邻右舍都去帮忙，他和马忠等十来人帮忙从马忠地里的土包拉土。谁也没有注意到，马忠用铁锹挖出了一个瓷器，看上面的图案，确实很漂亮。

“后来听说马忠挖出了值钱的古董，村里一些人又到现场去挖，结果啥也没有挖到。”马德说，一直到那个土包完全被夷为平地，再也没有发现任何文物。

……

5月17日，记者电话联系了远在克拉玛依市的马忠。他还不知道自己当年挖出后上交的元代青花瓷，此刻正在首都博物馆展出。甚至，他已经忘了11年前自己挖出青花瓷的具体日子，只记得是1998年的8月。

“当时铁锹一下去，感觉好像碰到了什么东西，挖出来一看，原来是个白色的瓷壶。”马忠回忆，当时在现场就有人说，“原来是个旧壶”。

“我拿回家擦亮了一看，白色的壶身上有蓝色的花纹，只有把手损坏了，真的好看得很。”马忠说，随后，他挖出宝物的消息不胫而走，村里的人都来参观，紧接着收古董的人也来了。

随着来的人越来越多，马忠发现已经有人开始打歪主意，因为有天夜里，贼光顾了他的家，房里被翻得乱七八糟，存在箱子里的800多元钱被偷走了。

好在从一开始，他就有了防范心理。每天晚上或者白天家里没人的时候，他把瓷壶埋在院子里，并且几乎每天他都换地方。几个月后，院子里到处都是他挖的坑。因为频繁换地方，到后来，连家里人也不知道到底埋在哪里。

一个外地来的古董商出价10万，马忠没有动心。村里一个“跑买卖”的人提出带马忠到上海去找人鉴定，卖掉瓷壶，他承担路费等所有费用，卖的钱他和马忠平分。马忠拒绝了。他知道，出土的文物是不能卖的。

已经过去8个多月了，马忠觉得瓷壶放在家里始终不是个事。马忠心里只有一个念头：管它值钱不值钱，先交给国家，睡个安稳觉再说。

他来到镇上，经人指点，在邮局的电话黄页上找到了北京文物部门的电话。电话打通了，对方告诉他找伊犁州的文物部门。

在联系到当时的伊犁州文物管理所后的第三天，也就是1999年6月18日这天，时任伊犁州文物管理所所长的安英新带着3人来了。

当着大家的面，马忠从家里装麦子的麻袋里取出了瓷壶。

安英新拿在手里看了看说“可以卖好多钱”，还说了一堆表扬的话。马忠说：“不管怎样，交给你们，我也就放心了。”

临走时，安英新拿出200元钱给马忠，但他没要。“他问为啥不要，我说了家里丢钱和给北京打长途电话，共花去1000多块钱的实情。”马忠说，当时他表示不要钱，1000块钱就算是给国家做了贡献。

一周后，马忠收到了安英新寄来的1000元钱。此后，马忠并没有收到安英新此前承诺的瓷壶文物鉴定报告。

从那时起，没能见到瓷壶的文物鉴定报告，成了马忠的心病，“不管咋样，瓷壶是我挖出后上交的，我有权知道它的真伪和价值。”至今，他都这么认为。

不过，有一件事情马忠记得特别清楚，在他上交瓷壶3天后，西宁庄村小学一位姓马的老师骑着自行车来找他，“哈开(马忠的经名)，你把100万给扔了。”并给他看了一份报纸，上面一篇报道说马忠上交的瓷壶是元代青花凤首扁壶，国内仅出土了两件，另一件是在北京元大都遗址发现的，但破损严重。

如今提起当年的事情，马忠说因为上交了瓷壶，他没少被村里人笑话。加上家庭一直都比较困难，村里人更是不能理解他的做法。

1000元现金已经是破例最高奖励

5月13日，记者电话联系了伊犁州文物局局长王林山，他证实在首都博物馆“青花的记忆——元代青花瓷文化展”上展出的两件元代青花凤首扁壶之一，就是马忠当年挖出后上交的。

随后，记者又电话联系到现任伊犁州博物馆副研究员的安英新，他透露，目前国内出土的元代青花凤首扁壶只有两件，一件是当年马忠上交的，另一件是北京元大都遗址出土的。相比而言，马忠上交的那件比较完整。两件凤首扁壶，除了大小几乎一致，花纹的位置一致外，凤凰尾部的样式不同。安英新说，首都博物馆的专家对比两者后认为，北京出土的扁壶花纹是卷草纹，而马忠上交的则是锯齿纹，应该是一凤一鸾，两者在一起叫鸾凤和鸣。

安英新给马忠上交的瓷壶定名为元代青花凤头流扁执壶，具体描述为高18.4厘米、口径4厘米、底径8.2厘米、腹径17.2厘米，重660克，胎骨洁白，釉质莹润，白色中闪青。壶身为扁圆形，细颈小口，以凤头作壶流，凤尾卷曲作柄。器形基本完整，仅壶流及执柄稍残。

“芦草沟镇西宁庄村在元代察合台汗国的阿力麻里古城境内，并且与该城直线距离不远。”安英新表示，在阿力麻里古城遗址曾出土过元代青花瓷，所以在西宁庄村发现元代青花瓷并不稀奇。

对于两件元代青花凤首扁壶一个在元大都遗址出土，另一个在伊犁出土，安英新表示，元代青花瓷主要用于外销，伊犁是古丝绸之路上的重要驿站，不难理解元代青花瓷会流落到这里。

对于一直没能给马忠文物鉴定报告的事情，安英新表示，文物鉴定有规范的程序，截至目前还没有过给文物上交者提供文物鉴定报告的例子。

安英新表示，当年给马忠1000元现金奖励，已经是破例的最高奖励，因为当时的伊犁州文物管理所全年的所有经费还不到1万元。他认为，文物保护宣传力度不够和给文物上交者奖励捉襟见肘与文物倒卖和流失严重之间的矛盾一直很难解决。

笔者之所以不厌其烦地转载这样的报道，一方面是弘扬像马忠这样的朴实的中国人；另一方面是告诉研究者和探索者，类似这样的事情在960万平方公里的土地上不会仅仅一例。如果没有捐献，这件元青花凤纹扁壶（图2-2）和北京元大都出土的元青花扁壶类似的瓷器会不会被承认呢？

难说！

我们很同意安英新先生的意见：“文物保护宣传力度不够和给文物上交者奖励捉襟见肘与文物倒卖和流失严重之间的矛盾一直很难解决。”什么时候能够解决呢？恐怕现在没有人能给出答案。

由此可见，元青花瓷器的鉴定，不仅仅是眼学和科学鉴定的争论，更重要的还是社会科学领域里的问题。如果都对农民手中的元青花瓷器采取如伊犁州博物馆副研究员安英新一样的认真态度，我们就有可能认识更多的元青花瓷器。

事实上许多博物馆的研究人员也是十分慎重地对待民间藏品。

在2009年由首都博物馆举办的“青花的记忆——元代青花瓷器大展”中也出现了民间藏品。在元青花的研究中，民间收藏界和主流文博界有着

图2-2 元青花凤纹扁壶

十分明显的不同，民间收藏界对非科学发掘的出土品和传世品的认知往往比主流文博界大，而主流文博界对民间的藏品往往采取比较谨慎的态度，这种谨慎的态度也就成为一部分民间收藏人士对主流文博界不满的原因。我们这里说的主流文博界，是指迄今为止还在文博系统岗位上的研究人员，而非一些本来也是民间收藏人士，有了点名气，忽然也成了所谓“专家”，而对原本的同道采取打压态度的名人；也不包括一些已经退休的原文博系统的工作人员。上海博物馆就严禁馆内的研究人员参与民间的鉴定活动，这种态度应该说是对学术研究的负责态度，它可以保护博物馆作为研究单位的独立地位，同时也是保护研究人员的独立地位。现代媒体的作用，造就了一些名人，在媒体的烘托下，名和利是第一位的，而个人的操守和职业的道德早就淹没在人民币的点钞声中了。因为，这类节目的第一宗旨是收视率，有收视率才有广告收入，有广告收入，才有花花绿绿的人民币，这条生物链是那么的永恒，哪一个做电视的人能违背？所以在这类节目中出现了打情骂俏的场面，出现插科打浑的笑料，出现指鹿为马的现象，也就不值得大惊小怪了。

问题是现在还在岗位上的博物馆研究人员，他们很少出现在这类媒体上，他们对某些事物的谨慎态度，是值得民间收藏人士尊重的。我们千万不能因为意见的不同，而对这些研究人员采取对立的态度。在元青花的研究中，许多文博界人士的严谨态度，是值得我们尊重的。同时，他们也对民间的研究采取了尊重和讨论的态度，从首都博物馆元青花展中出现的一件民间藏品中，就可以看出，我们的文博界研究人员对待民间的研究是严肃认真和实事求是的。只要的确是真正的元青花瓷器，他们也会采取科学的态度来认证和承认。即使对某些元青花的认定标准有不同的理解，也需要我们采取实事求是的态度来进行科学的讨论，而非意气用事的说些不应该说的话，而使主流文博界的人士退避三舍，他们的沉默，不是他们理怯，而是他们的理智，一个真正有学问的人是不会在媒体上渲染自己的。所以在民间收藏界和主流文博界之间应该没有鸿沟。看一看我们国家的许多博物馆中，有多多少少藏品是民间收藏家捐献的？民间收藏家和文博专家应该是天然的盟友。再一次说明，这里所指的文博专家，不是在电视上忽悠的人。现在，应该是民间收藏界的一部分人反思自己态度的时候了。

那么，首都博物馆元青花展中，哪一件是民间藏品呢？请看下图：这是一件残器，它的名称是青花缠枝纹象耳瓶（图2-3），首都博物馆展出时只说明是安徽省博物馆的藏品，而没有指明它的出处。这件元青花缠枝象耳瓶，曾经展出于安徽省博物馆馆内，下面是它在安徽省博物馆展出时，所拍摄的照片（图2-4），由图可知，它们完全是同一件瓷器，从器型、裂纹、残缺的部位和纹饰都明白无误地说明这是同一件元青花瓷器。首都博物馆展出时因放在中心柜而能把腹下面的残缺部分拍摄得十分明显。

同样这件元青花缠枝纹象耳瓶，在安徽省博物馆展出时，写明为陈波收藏，也就是一个民间人士收藏的元青花瓷器（图2-5）。

图2-3　元青花缠枝纹象耳瓶（残）

图2-4　元青花缠枝纹象耳瓶（残）

民间藏品在安徽省博物馆展出，后来又在首都博物馆展出，这应该是令民间收藏界人士高兴的事情，说明民间的确有元青花瓷器。其实在安徽省博物馆成立50周年元代瓷器展出中，还有两件元青花瓷器的残件，展出时都注明为海齐阁收藏（图2-6、图2-7），海齐阁显然是安徽当地一位藏家的斋名，这两件瓷器能够入选省级博物馆的馆庆展览，不仅说明了收藏家的眼

图2-5　元青花缠枝纹象耳瓶（左）展出时铭牌上写的“陈波收藏”字样

图2-6　元青花人物纹玉壶春瓶（残）

力，也说明了博物馆的胆识，但愿民间藏品在博物馆的展出，能给我们带来启示。在收藏领域的争论中，一定要心平气和：我可以不同意你的意见，但我尊重你发表不同意见的权利。

也许读者会说，这些现在都是博物馆的藏品，拿出这样的元青花瓷器来讨论当然不会有争议或者不会有太大的争议。但是，它们的前世今生不正是民间的收藏品吗？如果我们拿现在还在民

图2-7　元青花束莲纹瓷盒

间收藏家手中的藏品来进行命题讨论，结果还没有提出，就会被人否定。因此，把这样已经被业内广泛认可的原先的民间元青花瓷器，来证实民间的确有元青花瓷器存在的命题，还有什么可以怀疑的吗？

这里介绍陕西关中民俗博物馆收藏的一件元青花龙纹罐（图2-8、图2-9、图2-10），它展示在这个博物馆的地下展厅中。笔者在参加相关研讨会时，曾恳请主人上手观赏，这虽然是一家民间博物馆，但此件元青花龙纹大罐，已被当地文管部门列为重点监管对象，不经相关领导批准不能出柜。因当天领导外出，故而不能上手，甚为遗憾。据介绍，这是一件内装元酒的青花瓷器。从它的龙纹和青花发色来看，应该是元代的器物，可惜没有上手，但我们尊重当地文博部门的鉴定。

无独有偶，四川省成都市的华通博物馆，也是一家民间博物馆，其规模之大，并不亚于地级博物馆，我们参观当日，该馆正在举办“楚风汉韵——荆

图2-8、图2-9、图2-10　元青花龙纹罐

图2-11　元青花玉壶春瓶

州出土楚汉文物精品展”，一家民办博物馆和荆州博物馆合作举办国家出土文物展，可想其规模和资质。该馆也陈列了两件元青花瓷瓶(图2-11、图2-12、图2-13、图2-14)。从其中一件元青花海水花卉纹八棱瓶的口部和器身，及其所绘纹饰和青花呈色来看，应该都是元代的器物。这两件民间博物馆的元青花瓷器，不会是国有博物馆调拨的藏品，它们只能来自民间。

图2-12　元青花海水花卉纹八棱瓶

图2-13　元青花海水花卉纹八棱瓶(瓶口)

图2-14　元青花海水花卉纹八棱瓶(局部)

民间是否存在元青花瓷器，当馆藏的原民间元青花瓷器展示出来后，才能具有无可争辩的结论。

民间有元青花瓷器的存在已经是不争的事实，问题是民间有多少元青花瓷器的存在？是少量的元青花瓷器存在于民间，还是大量元青花瓷器存在于民间？许多人对元青花瓷器的在世数量作过猜测，我们不作猜测，在没有科学的调查以前，任何猜测只能是主观意断的产物，而非实践的科学结论。

我们要说的是，存世的元青花瓷器绝对超过300件！

三 国宝元青花瓷器的解读

有一件国宝级的元代瓷器，它就是目前收藏在扬州博物馆的元代霁蓝釉白龙纹梅瓶（图3-1）。即使在上海博物馆的元青花瓷器大展上，都没有请到它的倩影。它的数量少得惊人，这类蓝釉白花俗称“反青花”的龙纹梅瓶，全世界只有3件！

图3-1 笔者在博物馆观赏元代霁蓝釉白龙纹梅瓶

图3-2　元代霁蓝釉白龙纹梅瓶

图3-3、图3-4、图3-5　元代霁蓝釉白龙纹梅瓶的几个侧面

我们不讨论3件的说法是否正确，先从这件元代霁蓝釉白龙纹梅瓶的身世读出发人深省的谜团(图3-2、图3-3、图3-4、图3-5)。

把《扬州晚报》2010年8月21日的报道全文摘录是完全必要的：

> 一件元代的瓷器精品，在民间辗转了六百年能够保存得这么完整真的算是一个奇迹。
>
> **埋没民间：开价16元，18元成交**

梅瓶曾经的主人是扬州轻工机械厂的退休工人朱立恒先生，这件国宝本是他家祖传之物。30多年前，就是他以18元的价格把梅瓶卖给了文物商店的。1976年地震震情紧张，因担心梅瓶在地震中遭到破坏，朱立恒瞒着妈妈和哥哥来到文物商店，当时收购人粗略验瓶后开价格16元，最后以18元成交。

朱立恒先生回忆，这个梅瓶传到他这一辈应当已是第六代，传说他的祖上几代都曾在朝廷做官，从宫中得到梅瓶后一直视其为家传之宝，小心收藏，每年只在年三十晚上才将梅瓶的画像挂在屋内瞻仰，事后又匆匆收封。他清楚记得，1945年他家住江都时，曾有人以18石米作为交换向他母亲收购梅瓶，这在当时可是一笔不小的数目，但还是被他的母亲拒绝了。“文化大革命”时期，他的母亲为保护梅瓶不被抢夺破坏，还用黑墨汁把瓶上的白龙纹遮蔽起来，用棉布包裹着藏于床下，直到朱先生卖瓶时才清洗干净。

冷落：被误定为清代瓷器

扬州文物商店收购得霁蓝釉白龙纹梅瓶后，由于对元代瓷器缺乏研究，所以误定此瓶为清代瓷器，于是长期置于店内并未给予重视。

一次，上海市外贸公司的一位沈胜利先生来扬，见到蓝釉白龙纹梅瓶，沈先生对梅瓶的时代提出了异议。由此，受到冷遇的蓝釉白龙纹梅瓶开始引起扬州文物商店及中国古陶瓷学术界的关注。

1978年在北京举行的“各省、市、自治区征集文物汇报展览”上，扬州的这件霁蓝釉白龙纹梅瓶首次亮相，引发了国内众多博物馆的极大关注。北京、上海、南京等地博物馆纷纷向扬州文物商店表示了想收藏此瓶的愿望。扬州博物馆在当地政府的支持下捷足先登，以3000元价格购得了这只宝瓶。

辉煌：从3000元飙升至3.4亿、40亿元

扬州博物馆邀请北京故宫博物院的冯先铭先生、南京博物院王志敏先生两位古陶瓷专家鉴定，一致确定此瓶为江西景德镇窑元代蓝釉瓷器精品。最终，霁蓝釉白龙纹梅瓶经国家文物鉴定委员会评定为国宝级文物。

白龙梅瓶的面世引起了不小的震动，海内外收藏家对此极为重视，香港一位收藏家欲以3.4亿人民币收购，巴黎出了40亿元人民币的天价，日本出了3亿美元的价格，但都未能如愿。历经沧桑的宝瓶如今陈列在扬州双博馆的展览大厅里，让世人参观欣赏。

好多人谈论的是这件霁蓝釉白龙纹梅瓶当初转让得如此廉价，用今天的眼光来看是亏大了。记者在整理这篇文章的时候，却有一种异样的感觉：心中对朱立恒先生充满敬意。对他个人和家庭而言，经济上是亏的，但他将一只最完整的国宝留在了扬州，成为这座城市的骄傲。如果在另外一个时间、另外一个地点出手，经济上完全可以多加几个零，但也许就不会陈列在扬州，也许就没有这么完整。

这种蓝地白花的梅瓶，其存世数量有各种不同说法。

3件说。

扬州博物馆网站资料：据冯先铭先生说，国内外保存的元代霁蓝釉白龙纹梅瓶仅见三件。其中一件收藏于法国集美博物馆，另一件收藏于北京颐和园管理处，而唯见扬州博物馆的这件梅瓶比前两件梅瓶高出约十厘米。这是器型最大、造型秀挺、釉色净润、纹饰精美且又生动活泼、气势磅礴的我国稀少文物。中外古陶瓷研究者、专家、学者凡来扬州无不欲一睹为快，观赏者无不叹为观止。

北京和巴黎的霁蓝釉白龙纹梅瓶都有瑕疵，北京的瓶身有裂痕，巴黎的龙头部分烧制时就有瑕疵，只有扬州的这一件器型最大、造型秀挺、釉色净润、纹饰精美且又生动活泼、气势磅礴的稀少国宝。

5件说。

程美东在2006年11月2日的《人民政协报》撰文《蓝白相映写新篇——我所见过的一件元代蓝釉白龙纹梅瓶》，文中说：元代景德镇烧制的蓝釉白花瓷器中，尤以蓝釉白龙纹梅瓶最为珍贵。这种梅瓶据已公布的共有五件，其中以江苏省扬州博物馆收藏的一件为最大，高

43.5厘米，口径5.5厘米，底径14厘米。另外四件，一件藏于颐和园，已有破损；一件早年流往国外，现藏于法国集美博物馆；另一件于2000年，由北京翰海拍卖公司拍出，属谁家之手不详；还有一件前几年在上海《新民晚报》介绍刊登过，被张宝权先生所收藏。

6件说。

2010年8月18日，《长江商报》刊发了《蓝釉白龙纹梅瓶现江城？》一文，武汉收藏家联谊会古玩专委会主任吴兴平在武汉一收藏品市场购买了这件黑釉青花白龙梅瓶。这件梅瓶比扬州博物馆的梅瓶略大，可惜的是底部断裂了一截，瓶身也是碎裂后粘合而成。如果算上这件，此类梅瓶就有6件了。

从这几段两年以前的报道中，我们可以解读出许多元青花瓷器的社会学层面的另类谜底。

1.数字和媒体

元青花瓷器究竟存世多少，最为人熟悉的是只有300件之说（此说逐渐演变成400件），这是目前一种主流意见。对立的观点是元青花有很多，据说有15000件之多，这是以许明先生为代表的部分民间收藏爱好者的观点，也得到了部分文博人士的认同。

而在前面的报道中，数字也是一个十分有趣的谜团。“3件说”、“5件说”和“6件说”，众说纷纭。

6件和3件，从绝对数字来说，它只增加3件；从相对数字来说，它却增加了一倍！并不肯定的答案，却给出了一个肯定的事实，即元代蓝釉白花瓷器的存世数字是相对的。它的多少，恐怕不在于瓷器的本身，而在于瓷器的认同。3件说被文博人士普遍认同，因而它的传播也就比较广泛，5件说和6件说要不是相关的报道，恐怕鲜为人知。这就引申出另外一个问题，即媒体的作用。要不是《长江商报》、《新民晚报》、《人民政协报》和《扬州晚报》的报道，我们可能根本不知道还有5件说和6件说的事情，而现代互联网的作用更把这多种说法广为传播，使相关人士有了更多的理性思考。而《新民晚报》所作的相关报道，因它的发行量，使读者对元代蓝釉瓷器有了一个比较全面的认识，《新民晚报》报道的那件蓝釉元代瓷器能因它的报道而被认可吗？它的存在是否佐证了许明先生的论断呢？因为如果它是真的，就把元代蓝釉白龙纹梅瓶的存世量增加了33.3%。这又引申出另一个问题，媒体能否成为判定古代艺术品真伪的判官？回答当然是否定的。但在现实生活中，往往媒体的报道，成为引导受众判断真伪的一种标准，媒体的倾向性报道完全可能左右受众的判断。媒体没有资格评审专家，但媒体却能制造专家，只要在电视上亮相多了，完全有可能成为鉴定专家。这样制造出来的专家，尽管不能得到相关职能部门的认可，却往往得到受众的认可。随便问一问一个老百姓，傅熹年和孙机是谁？可能没有一个会回答出这两人是权威的鉴定专家，实际上前者是国家文物鉴定委员会主任，后者是副主任；而只要问一问在电视上经常亮相的一些人，即使不是收藏爱好者，往往也能回答得八九不离十。于是乎，一些这样的专家就组成了相当著名的鉴定团队，大有取代国家文物鉴定委员会之势，而事实上，的确有一些国家文物鉴定委员会委员或者资深文博研究员在这些专家制造的鉴定陷阱中中招受挫。

谁轻视媒体，谁就会在鉴定实践中败下阵来。数字是由媒体传播的，传播得越多越长，往往就成为一种下意识的认知，元蓝釉白龙纹梅瓶3件说和元青花只有300件说就是这样一种下意识。

2.民间藏品和馆藏品

民间有没有元青花瓷器，一直是关注元青花瓷器的各界人士争论不休的问题。从《扬州晚报》的这篇报道和前文的介绍看，民间不仅有元青花瓷器，而且还有国宝级的元青花器！元代蓝釉白龙纹梅瓶就是一件足以令扬州博物馆和扬州这座城市骄傲的古代艺术品，而这件国宝就是一件民间藏品。按朱立恒先生的叙述："这个梅瓶传到他这一辈应当已是第六代，传说他的祖上几代都曾在朝廷做官，从宫中得到梅瓶后一直视其为家传之宝，小心收藏，每年只在年三十晚上才将梅瓶的画像挂在屋内瞻仰，事后又匆匆收封。”我们不怀疑朱先生的故事，这样一个不计较个人财富，而甘愿将国宝出让给国家的人是值得我们尊敬的。从他的叙述来看，这应该是一件流传有绪的元青花瓷器。传了六代，几代做官，那应该在清代流传有绪。往前推呢？恐怕很难找出流传的脉络了，因为这是一件元代生产的东西。所以说，把流传有绪作为鉴定某件古代艺术品，特别是民间古代艺术品的立论依据，恐怕会碰到许多麻烦。扬州博物馆的这件元蓝釉白龙纹梅瓶是如此，前面介绍的辽宁博物馆收藏的元青花大罐也是如此。相信和尊重民间藏家，应该是文博人士的基本态度。

3.民间藏家和文博人士

一些民间收藏爱好者对业内的文博人士很是不满，因为他们经常否定民间的元青花藏品。实事求是地说，民间的确有不少元青花藏品是需要商榷的，民间收藏爱好者不应该因为自己的藏品被否定而对文博专家耿耿于怀，而应该在自己的学识和鉴赏水平上多下功夫。但是民间的确有不错的元青花藏品甚至国宝级的元青花藏品，这也是无需置疑的事实，扬州博物馆的元蓝釉白龙纹梅瓶就是这样的一个事实。问题是文博系统的相关人员能否从元青花只有300件的框框中跳出来，对自己所看到的民间元青花采取一个实事求是的态度呢？20世纪70年代的老一辈的文博工作者对待朱立恒先生的藏品就采取了一个实事求是的态度，这种正确的态度应该成为后世博物馆工作人员的楷模。如果扬州文物商店的从业人员一开始就怀疑朱立恒先生的藏品是仿品，如果没有上海的沈胜利先生对这件蓝釉白龙纹梅瓶年代的置疑，如果没有冯先铭先生等人对这件蓝釉白龙纹梅瓶的肯定，也许，这样的也许现在已经发生很多，这件现在被视为国宝的元代瓷器至今还在朱立恒先生家里饱受媒体的关注和业内人士的议论。什么是真学问，能看懂珍品才是真学问！看懂普品和大路货的古代器物，仅仅是一个初入门的业内人员，看到大珍品害怕的所谓“专家”，实在和冯先铭等学者不能同日而语。在对待民间收藏的元青花瓷器上，问题的另一面是专家们要认真地提高自己的业务水平。

4.元青花的天价

16元报价，18元成交！这样的价格，即使在20世纪的70年代，还是显得偏低。即使现在的物价比20世纪70年代涨了100倍，那还是只有1800元！涨了1000倍，仍然只有18000元，还是远远不能达到这件国宝级瓷器的相应价位。

这样的价位合理吗？

朱立恒先生并没有对这个价位提出置疑，这位扬州轻工机械厂的退休工人显然不属于先富起来的一小部分人，18元钱虽然在当时足够他生活一个月，放到现在也不过是千把元钱。从法律层面上，他不可能再因为这件宝物现在的价格而重新提出新的要求，事实上他也没有提出这样的要求。这就是善良的中国老百姓的觉悟，有这样觉悟的中国老百姓还有很多，许多民间收藏爱好者都愿意把自己的藏品捐献给国家，但他们善良的愿望往往落空，因为我们的许多专家都用怀疑的眼光看待这种善良的愿望，其中一个很奇特的理由是这些收藏爱好者想洗白手中的藏品，也就是说，捐献还在口头议论时，这些藏品已经被判断为仿品。没有上手，没有仔细的观察，没有仪器的测试，一切善良的愿望都在襁褓之中就灰飞烟灭了。有多少专家没有看过东西就敢断定真伪，有多少专家根据价格就敢断定东西的真伪，一切都在某些人的口中，其根源在于元青花鬼谷子下山图罐的天价价位。

《扬州晚报》的这篇报道也把这件元蓝釉白龙纹梅瓶现在的价位作了臆测，谓其可能高达3.4亿元甚至40亿元。能以这样的价位成交吗？完全不可能，收藏在公立博物馆中的藏品是国有资产，它怎么可能出现在文物市场或者拍卖会上呢？也就是说，它不可能以金钱来衡量它的价值。相当一部分人往往喜欢议论我国古代艺术品的价格，好像只有价格才能体现这些艺术珍宝的价值，一些鉴宝类节目热衷于宣传古玩的价格，煞有介事地给出所谓的合理价格，从而使受众把注意力凝聚在金钱的焦点上而忘却了这些艺术品的学术价值、艺术价值和传承价值，忘记了它们所载负的历史信息和文化内含。以价格来衡量文物的价值，不仅亵渎了文物本身，更亵渎了朱立恒先生的爱国之心。元青花瓷器在民间只有十来元的价格，进了拍卖场或博物馆就要几个亿，合理吗？！

5.蓝釉白龙纹梅瓶的价值

价值不同于价格。我们这里讨论的是这件文物的学术价值、艺术价值。它会给我们传递怎样的历史信息呢？

首先，不管是3件、5件还是6件，它告诉我们，这样的蓝釉梅瓶，绝不是孤品，600多年后还有不止一件保存，那么当时生产的数量一定不低。这样的信息对于我们判断元青花瓷器的存世量有一定的帮助。

其次，这样一件俗称“反青花”的蓝釉瓷器，蓝色相当艳丽，发色纯正，说明元代的工匠们使用钴料的技术已经十分成熟，说明元代的工匠控制窑炉温度的技术已经有着相当的火候，高温技术的控制已经得心应手，它所体现的元代瓷器的工艺成就，足以证明元青花在元代的普遍性。众所周知，反青花的工艺技术比青花的制作更为困难，它的产量也远远低于青花瓷器，因此这种反青花瓷器在民间的存在，足以说明元青花在元代并不是什么十分稀罕的珍宝，在民间的存在可能比反青花多得多。

再次，从这件蓝釉白龙纹梅瓶上欣赏元代艺术的创新思维。

从器型上看，它已经和宋代梅瓶有了明显的区别。其丰肩修腹弧线斜收至胫部，底足处略有外撇，这样的造型特征，既保留了宋代梅瓶的修长体型，又含有元代体型丰腴的韵味，其最大腹径与高度的比值近似于黄金分割，使得这样的作品极具美感。读者可以欣赏我们所列出的这件蓝釉白龙纹梅瓶的照片，从器型到纹饰，无不闪烁着元代艺术家的创新思维。

它的龙纹，可谓是认识元代龙纹的最好典型。这是一件典型的赶珠龙纹，白色蛟龙舞于梅瓶的腹部，四肢奋力似在追赶前方的火焰宝珠。龙首细小微微上仰，龙嘴张口吐舌，露出利齿，鼻似如意，下颚飘扬一缕长髯，双角微微后翘，细颈蛇身，充满动感。三爪如镰刀，纤细有力。所有这些特征，是我们可以用来判别元代龙纹的最好借鉴。读懂这样的龙纹，能够欣赏它所具的美感，实在是爱好者艺术鉴赏能力的最好体现。

一件本来价格不高的元代珍宝，它所承载的信息，可以使我们解读出不少社会学、民俗学和工艺技术的密码。解读这些密码，读懂这样的瓷器，是收藏爱好者自身审美能力的体现，而在欣赏这件瓷器的过程中，也一定能够提高欣赏者的审美能力。只有懂得这件瓷器艺术价值的人，才能称得上真正的收藏爱好者。

四　元青花瓷器市场的解读

元青花瓷器市场的解读，听起来好像是讨论元青花瓷器的经济学命题。当然不是，如果我们把对元青花瓷器的研究，写成一篇经济学论文，必然不能引起读者的阅读兴趣，而且对解读元青花瓷器的诸多奥秘也不会有太大的帮助。我们讨论元青花瓷器的市场，是要还原元青花瓷器的历史本来面目，还原元青花瓷器在那个年代的生产和销售概貌，以便寻找和回答元青花瓷器的相关疑问。

元青花瓷器的研究中，相当多的疑问都是和元青花瓷器的数量有关。

比如，现在存世的元青花瓷器的数量、现在存世的元青花瓷器国内外的数量之比等。这些问题好多仿佛都已经有了定论，但却没有哪一位认真地做过实实在在的统计。我们把已经掌握的232件元青花瓷器一一列出，从中找寻相关的答案。

一切从元青花瓷器本身开始。

我们先从元青花瓷器的存世数量开始讨论。

上海博物馆“幽蓝神采——元代青花瓷器大展”开始后，上海《东方早报》记者陈若茜报道了相关人士的谈话：“关于元青花的存世量，目前所知道的不足400件，社会上关于元青花形形色色的说法都不可信。”一些网站马上对相关人士的400件说展开了反驳，对问题的讨论是完全可以的，但没有必要用吵架或谩骂的方式进行。学术就是学术，你可以不同意别人的意见，但你应该尊重他人表述自己意见的权利。

应当肯定，400件说，比起元青花瓷器只有300件的说法是一个巨大的进步。从300件到400件，绝对数字虽然只增加了100件，但相对比例却增加了33.3%，可见已经是个不小的飞跃。400件说的进步在于以下两个方面的意义：

第一，400件说否定了300件说，这是进步！事物总是在否定之否定的规律中前进。想当初，在霍布逊和波普没有对中国的元青花瓷器展开研究之前，清末的古玩商中一直流传着这样的常识："元无青花，此乃国史之定论也！"元代没有青花瓷器是作为"史之定论"而被国内文博界普遍接受的观念。因此，从0到300再到400，否定之否定，对元青花的认识进步了，会不会再有一次否定呢？历史会给出自己的答案！

第二，400件说，本身也说明了元青花瓷器存世的数量是一个可以变化的概念。这种动态的变化，会随着出土物的增多而发生变化，承认元青花瓷器的多少是个变量，总比把它看作一个恒量正确得多。

我们先设定400件说的认识在目前是正确的，再来讨论和它相关联的一个说法。据"首都博物馆方面告诉记者，目前全世界收藏的基本完整的元青花瓷器大致为400件，其中的大部分都流失在海外"。①

400件大部分都在海外。

这个命题的正确与否，让我们用逻辑推理来判断一下。

笔者统计了自己拍摄的232件元青花瓷器的分布情况（见附录一：元代青花瓷器的分布表），它能告诉我们什么呢？

在232件元青花瓷器中，有168件在国内，如果加上香港天民楼的27件元青花瓷器，再加上江西高安出土的19件②，扣去已经列入的上海展出的4件，高安还有15件没有提供，这两家就还有42件，加上我们表中所列的168件，则国内起码有210件，已经超过了400件的一半，这里还没有算上山东荷泽出土的元青花龙纹罐、江苏句容出土的青花云龙纹梅瓶、内蒙古赤峰市出土的青花玉壶春瓶、江苏淮安出土的青花缠枝牡丹纹双兽耳盖罐等。为了让读者更全面地认识这个问题，我们还统计了其他资料（见附录二：国内馆藏元代青花瓷器一览表），增加了一些我们还没有图片却有文字资料的元青花瓷器。

从表中可知，即使动用几人之力的不完全统计，国内馆藏的元青花瓷器就有290件之多，还没有包括黄云鹏先生的两件、关中民俗博物馆的一件、成都华通博物馆的两件、陕西新出土的一件青花人物图匜，香港天民楼实际共有27件，本表尚未全部统计在内。常识逻辑告诉我们，所谓400件，所谓大多数在国外，要么400件的说法是不正确的，要么大多数在国外的说法是不正确的，两者必居其一！

我们认为之所以会出现这种逻辑混乱，其原因或许在于作出这些判断的研究者没有作过认真的统计，仅仅是凭个人的臆测来推断本应该是一个十分严肃的命题。

也许有人会提出异议，本书所列的一些民间元青花瓷器的真伪还需探讨。的确，本书有图列出的168件国内元青花瓷器中，有3件安徽博物馆展出的民间元青花瓷器，即青花缠枝纹象耳瓶陈波收藏、青花束莲纹瓷盒海齐阁收藏和青花人物纹玉壶春瓶海齐阁收藏，它们的真伪如何呢？其中陈波收藏的元青花缠枝纹象耳瓶还有幸被首都博物馆选中，也被陈列在2009年3月北京首都博物馆举办的“青花的记忆——元代青花瓷文化展”中，把这样的民间元青花瓷器予以否定，是对安徽省博物馆和首都博物馆的研究人员的不尊重。仅举这样一个例子，就说明我们的数字统计是慎重的和经得起质问和怀疑的。

在对这些枯燥的数字作出分析后，我们完全可以解读围绕着元青花瓷器的其他一些疑问。

附录一中的168件国内和64件国外现在存世的元青花瓷器，附录二中的290件国内藏元青花瓷器，这些数字能够说明什么呢？

元青花瓷器是外销瓷还是适应国内需要的商品瓷？它是不是仅仅供应官方的官窑瓷？这样的问题能否在这些数字上找到答案呢？

我们先来听听两种不同的意见。在景德镇元青花瓷器国际学术研讨会论文集中，有研究者发表了各自的看法。

一种意见认为："至正型元青花是元代统治者用以敛财利润的外销用瓷"。[3]这句话有三层意思。第一，它对研究的元青花框定了时间，即至正年间，而非元青花的全部；第二，这种元青花是为了销售而生产的瓷器，即商品瓷器；第三，这种商品瓷其销售市场在国外。这篇论文的题目是《元青花：元代非主流制品考》[4]，作者是高学训。我们先不讨论观点的对错，我们认为仅仅以局部时段的元青花瓷器来对元代青花瓷器的总体作出的判断是不可取的。

另一种意见认为："蒙元帝国，包括元朝、钦察汗国、察金台汗国、窝阔台汗国和伊儿汗国，具有邦联的性质，历史表明销往西亚的青花瓷不是外销，而是内销。"[5]这种意见有两层意思，即把现在的西亚地区算作国内，同时也把元青花瓷器看作是商品瓷。其实把西亚地区归入国内而把元青花看作是内销瓷，其实质和上面的意见并无二致。而这种意见并没有考虑到东南亚地区出土的和出水的元代青花瓷器。遗憾的是，安徽、北京和上海的三次展览，都没有东南亚地区出土和出水元青花瓷的展出，仅有上海的展出有部分肯尼亚出土的瓷片，而一些东南亚出土的瓷器在被上海博物馆征集后也就不被标明出处，这种状况对我们的总体研究带来不少困惑。因此仅仅讨论西亚地区的元青花瓷器，在空间地域上也是不完整的。

从表4-1和表4-2可知，元青花应该有着两个市场，即国内市场和国外市场。

国外市场以目前存世于土耳其和伊朗的元青花瓷器可以为证。而在英国的一些瓷器不能列入讨论的范围，因为它们多数是后世作为艺术品被收藏于英国，而非当时运往异域。上海博物馆元青花大展中的出土于肯尼亚的元青花瓷片，也可以作为元青花瓷器外销的证据。西非海岸出土的元青花瓷片，在时间上和空间上都还原了元代历史的本来面目。

而国内博物馆目前收藏的元青花瓷器，也有一些是外销的海归。比如上海博物馆的几件藏品，就是印尼回流的器物。[6]

现有国内外的出土、出水和传世品都证实了元青花的外销。

那么，元青花瓷器是否还在国内销售呢？先看事实。

表4-1 国内外元青花瓷器的传承方式

传承方式	数量	占比（%）
出土	96	41.40
馆藏	124	53.45
征集	10	4.31
拍卖	2	0.86
总计	232	100

表4-2 国内元青花瓷器的传承方式

传承方式	数量	占比（%）
出土	96	57.14
馆藏	60	35.71
征集	10	5.95
拍卖	2	1.19
总计	168	100

由表可知，建国以来科学发掘的出土品证实了元青花瓷器的内销，而从现存数量上来看，国内市场是元青花瓷器作为商品销售的主要市场。因为国外现存的元青花瓷器，有相当部分并不是元代外销的器物，而是在以后的年代中从国内流散出去的被作为文物收藏的器物，而国内出土的数字中，我们还没有包括山东荷泽等地出土的所有元青花瓷器。因此，作出元青花瓷器的主要市场在国内是完全没有问题的。

问题是把元青花瓷器作为商品来讨论它的市场，是否正确。因为相当一部分学者认为元青花瓷器这种珍贵的艺术品，只能是官窑或者宫廷用品，不可能作为商品出现在市场上。有兴趣的读者可以参阅相关的元青花瓷器各类讨论会的文集和发表在各种报刊杂志上的相关文章，我们就不一一例举了。

这里涉及到两个问题：一是元青花瓷器是不是珍贵的艺术品？二是元青花瓷器究竟是不是普通的商品？还是让事实来回答这样的问题。

几次元青花瓷器大展和出土的器物用无可争辩的事实回答了这些问题。

首先，元青花瓷器当然是珍贵的艺术品。我们不以价格来讨论元青花装饰品的珍贵与否，市场价格并不能真实反映元青花瓷器的艺术品位。英国剑桥大学费茨威廉博物馆所藏的一件元青花莲池鸳鸯纹罐（图4-1），飘逸的莲花，游弋的鸳鸯，张扬着动感，布满器表的图案纹样疏密有度，繁杂中不见紊乱，从艺术角度看，实为一件杰作。而萍乡窖藏出土的元青花梅花纹带座瓶（图4-2），其图案简单，画意草率，青花发色灰暗，与青花莲池鸳鸯纹罐不可同日而语。元青花瓷器中既有精美的艺术佳作，也有一般的习作，元青花的绘画水准和艺术风格，完全不在同一个水平线上。由此可见，元青花瓷器并非都是艺术佳作，其中不少是一般的日用器。

这就牵涉到另一个问题，元青花瓷器究竟是仅仅供官方使用的官窑器还是一种比较普遍的商品瓷。

图4-1　元青花莲池鸳鸯纹罐

我们不盲从一些所谓的权威结论，我们只重视出土物的权威性，它们才能真正解答这个问题。

图4-2　元青花梅花纹带座瓶

元青花瓷器既有出土于明初沐英和汤和墓的大器，也有出土于名不见经传的一些普通人士的墓葬。如濉溪县临涣镇至正十三年孙氏家族墓出土的青花花卉纹盘（图4-3）、1998年太湖县牛镇阮氏墓出土的青花花卉执壶（图4-4）、1985年4月山东青州元代墓葬出土的青花鹿纹盘（图4-5）和1960年南京郎家山宋晟墓出土的青花鸳鸯纹大碗（图4-6），这些墓葬应该是元代的殷实人家，但绝不是可以载于史册的贵族阶层，出土的元青花瓷器也是一些日用品。除了这些墓葬出土器，各地不少的窖藏出土，也是一些日用品，如著名的集宁路元代瓷器，出土的完整的7件元青花瓷器中，就有高足碗6件，可见都是日常生活用品，学者论断：“集宁路古城正处于由中原通往漠北的交通要道，蒙古大草原的南部边缘，中原各大窑系的瓷器云集于此，显而易见，此地正是中原向漠北输出瓷器及其他手工业品的重要场所。”“中原东西南北各大窑口的瓷器大量云集集宁路古城内，可以想象得到当时商品交易的宏大场面。”⑦这就告诉我们，在元代只要有钱，谁都可以买到青花瓷器，因此，元代的青花瓷器作为一种商品已经是历史的真实。

图4-3　元青花花卉纹盘

这里，还有一个有趣的现象值得研究者关注，即在国外现存的元青花瓷器上还没有发现高足杯和匜这两种器型。

而高足杯这种器型，在北方出现的概率比南方来得高。如内蒙古集宁路出土的6件，甘肃武威出土的1件，内蒙古林西县出土的3件，内蒙古赤峰、翁牛特旗和包头市的各1件，这种的出土分布状况，也说明了高

图4-4　元青花花卉执壶

图4-5　元青花鹿纹盘

图4-6　元青花鸳鸯纹大碗

足杯这种器型是完全适应国内市场特别是北方市场需要而生产的商品。

而国内各地博物馆收藏的8件匜，国外不见收藏的事实也完全可以说明这种器型也是适应国内市场需要而生产的商品。

国外出现的大盘比较多，有些大盘如伊朗馆藏的大盘上往往出现使用的痕迹，而国内也有大盘的存在，这恰恰说明了元青花大盘基本上是适应国外需求特别是上流社会需求而生产的商品，而作为一个生产国，国内大盘的存在也是完全可以理解的。

总之，只要没有偏见，完全可以对元青花瓷器作出以下判断：

元代的青花瓷器，既有珍贵的艺术品，也有一般的日用瓷；既有适应上流社会需求的精品，也有普罗大众需要的普品；既有出口外销的产品，更有适应国内市场需要的商品。

这才是一个真实的元代青花瓷器的生产和销售。

---

①《首都博物馆元青花展：一个盛世的文化追忆》，全球艺术网综合作者：王银义2009-05-05。

②:刘金成：《高安元代窖藏瓷器》，朝华出版社2006年版。

③《元青花研究——景德镇元青花国际学术研讨会论文集》，上海辞书出版社2006年版，第232页。

④同上，第229页。

⑤同上，第206页。

⑥汪庆正：《中国陶瓷全集·元》，上海人民美术出版社2001年版。

⑦陈永志：《内蒙古集宁路古城遗址出土瓷器·内蒙古集宁路古城遗址出土瓷器概述》，文物出版社2004年版，第23页。

五　偏远地区博物馆收藏的元青花瓷器

要对元青花瓷器有个相对比较完整正确的判断，就应该对已经收藏在博物馆的元青花瓷器有个相对比较完整的了解（当然完全掌握元青花瓷器的绝对数量几乎是不可能的事情），这样我们必须对一些偏远地区的县级博物馆所收藏的元青花瓷器有一个相对全面的了解，才能对元青花瓷器的概貌了然于胸。笔者曾经在渑池县的博物馆看到一张瓷器图片，当时就询问陪同的博物馆馆长，提出能否观赏这件瓷器，因为那是一件元青花瓷器大罐。馆长告诉我们这件瓷器已经上调给市级博物馆了。当我们说出此罐的可能的年代时，馆长明显露出不舍之情。渑池虽然是个县级市，但还不算偏远之地，却也发生了不识元青花的故事，可见对元青花的研究还是有普及的必要。

下面的元青花就来自偏远之地，认识它们，可以纠正许多对元青花瓷器的偏见。

元青花鸾凤纹匜（图5-1），出土于甘肃省临洮县衙下乡寺洼村，现为甘肃省临洮县博物馆收藏。此匜外壁饰以莲瓣纹，内壁绘有缠枝菊花，匜心绘有凤纹，纹饰图案为典型的元代风格，在青花浓郁处可见苏来麻尼料的特征。匜是传统的中国特有的器型，它脱胎于青铜器器型，这类器型的元青花瓷器国内多有出土的报道，而国外现存的元青花瓷器中，却鲜有相关报道。这可能是这类带有明显我国传统风格的瓷器和国外收藏者的审美

图5-1　元青花鸾凤纹匜

需求不太吻合，因而很少输往国外。而甘肃临洮地区出土了这件在国外不见报道的青花匜，说明这类器型在国内广为传播，即使远在甘肃，也有着它的市场需求。

同样出土于甘肃省临洮县衙下乡寺洼村的元青花花卉纹玉壶春瓶（图5-2），曾在上海博物馆展出。应当说明的是，这张照片并非摄自上海的展出，而是摄自浙江省博物馆的丝绸之路展。此瓶展出时虽然标明为“元青花花卉纹玉壶春瓶”，但仔细观察它的腹部图案，明显可以看到花卉丛中有一个仙鹤（图5-3），因此其艺术价值也相对较高。这件元青花发色的用料似为苏料和国产料相混合的钴料，其蓝色中虽然有黑斑，但铁斑和锡光不甚明显。从其叶子的画法来看，应该是元末的表现。这件玉壶春瓶自上而下共有九层纹饰，依次为：蕉叶纹、卷草纹、莲瓣纹、卷草纹、

图5-2　元青花花卉纹玉壶春瓶

图5-3　元青花花卉纹玉壶春瓶（局部）

仙鹤花卉纹、花叶纹、卷草纹、莲瓣纹和卷草纹。从纹饰的层次来看，卷草纹明显地用来作为分割图案的辅助纹饰，这一点可以作为元青花纹饰图案的一个基本特征，特别是在元代瓷器的琢形器上，表现得更为显著。

元青花瓷器的图案，多采用满功的表现手法，即在瓷器的外表都画有各种纹饰，很少有留白的地方。因此，瓷器上一般都有多层纹饰，有五、六、七、八和九层的。有的意见认为有七层纹饰的元青花瓷器都是现代仿品，实际上是对元青花瓷器知之甚少的缘故，我们将在后面专门讨论这个问题。

西北的偏远地区有元青花瓷器出土，东北地区也有元青花出土，内蒙古林西县是一个鲜为人知的边塞小城，也窑藏出土了一些元青花瓷器。面对着桌上的数件元青花瓷器，尤其是能仔细地观察元青花瓷器的底足，一件一件地观察它们的加工工艺、特征和胎土，实在是笔者梦寐以求的事情，对着这样的出土元青花瓷器，谁都会认真仔细地观察（图5-4）。

图5-4　观赏元青花瓷器的底足

林西县在1972年10月共出土了7件元青花瓷器，分别是青花缠枝莲纹扁壶1件、青花龙纹盘1件、青花鸳鸯纹盘2件、青花菊纹高足杯1件、青花龙纹高足杯2件。现将这些元代青花瓷分别列出（图5-5至图5-18），其中三件为残器，即青花缠枝莲纹扁壶、青花菊纹高足杯和青花龙纹高足杯，其中青花缠枝莲纹

图5-5　青花青花缠枝莲纹扁壶（残）

图5-6　青花青花缠枝莲纹扁壶另一面（残）

5-7　元青花龙纹盘

5-8　元青花龙纹盘底足

扁壶已经截头，而青花菊纹高足杯只留下高足及其上面残留的杯心，而一件青花龙纹高足杯只是杯的口沿有残破，尽管林西县窖藏出土的元青花瓷器都是小件，但仍不失为元青花瓷器的一个比较重要的发现。

林西县自古以来，就是东胡、匈奴、鲜卑、库莫奚、契丹等北方少数民族的游牧地。唐贞观年间，在今林西县所属新城子镇西樱桃沟村设松漠都

图5-10　元青花鸳鸯纹盘1底足

图5-9　元青花鸳鸯纹盘1

图5-12　元青花鸳鸯纹盘2底足

图5-11　元青花鸳鸯纹盘2

护府；辽代，林西县南部属上京道临潢府饶州，北境属庆州；金代，嘎斯汰河以北属庆州庆民县，嘎斯汰河以南属临潢府卢川县；元代，林西地区属中书省应昌路管辖；明清时期曾为巴林旗牧地，直至清光绪年间，清王朝实施“移民实边”政策才正式建县，因在巴林县之西而命名林西。从它的历史演变来看，林西县所在的应昌路在元代虽然直属中书省，且在元末明初曾

图5-14　元青花菊纹高足杯底足（残）

图5-13　元青花菊纹高足杯（残）

图5-16　元青花龙纹高足杯1底足

图5-15　元青花龙纹高足杯1

图5-18　元青花龙纹高足杯2底足

图5-17　元青花龙纹高足杯2

短暂成为北元的首府，但应昌路故城在赤峰市克什克腾旗达尔罕境内，离今林西县尚有数百里之遥，林西县在当时还是一个人迹稀少的地方。即使在如此偏僻地区，仍有元青花瓷器的窖藏出土，可见青花瓷器在元代并非什么珍稀之物。况且这里出土的都是实用器皿，壶、盘和高足杯都是日常用具，其纹饰也不见华丽，显然是普通人家的用品，和土耳其和伊朗馆藏的元青花瓷器相比，不仅器物本身比较小，而且纹饰也比较简单。这就透露出这样一个历史信息，元代的青花瓷器生产曾经适应不同阶层的需求，既有精品也有普品。而这种能够适应不同需求的生产，其规模一定不小，其数量也一定惊人。

于是乎，在四川发现了元青花的踪影。偏僻的雅安地区出土了写有“至正七年置”青花楷书款的双系盖罐，这件1986年出土于雅安市文化路基建工地窖藏的元青花瓷器，熟悉它的读者一定知道，无论其器型还是所写的文字款，都和精品元青花有着相当的距离。它又一次告诉我们，元青花的生产和销售的普遍性。

还有一件出土物，它的特殊性，可能会引起业内专家的否定。它就是出土于宁夏明代城垣遗址的一件元青花牡丹纹小罐（图5-19）。宁夏银川自始至终应该都是一个边陲城市，这件青花小罐的出土，告诉读者，元青花瓷器在元代的流通的广泛性。这件小罐，它的特别之处在于器表有开片，罐内

图5-20　元青花牡丹纹罐内壁清晰的青花图案（局部）

图5-19　元青花牡丹纹罐

图5-21　青花缠枝莲花鸳鸯纹高足碗内壁的图案（局部）

壁还有青花图案（图5-20），它的装饰工艺实在有点离经叛道。

2007年我们在宁夏银川的影视城发现了它，一直思索它的特殊性。无独有偶，上海博物馆元青花大展上展出的一件英国牛津大学阿斯莫林博物馆藏元青花缠枝莲花鸳鸯纹高足碗内壁（图5-21）上也有青花图案，比较之后，可见其绘画工艺的相似性。

因此，在偏远地区发现的元青花瓷器，尽管它的纹饰工艺有其特殊性，但还是可以在元代青花瓷器的绘画工艺中找到其伙伴。这件装饰工艺比较特殊的元青花小罐，给我们这样的启示，整个元代的青花瓷器制作工艺，既有着许多比较一致的规律，也有着不少个别或者说比较特殊的例子。特殊和一般，看似矛盾，实际上真正反映了元青花瓷器的复杂性和完整性，反映了元代瓷器工匠的综合和特殊的审美意识。不能充分认识元青花瓷器的这种复杂性，就不能对元青花瓷器有一个完整的认识，就很有可能把一些真正的元青花瓷器归入现代仿品的范畴。

我们期待着偏远地区更多元青花瓷器的出土和出现，它们也许能够帮助我们更全面地认识元青花瓷器。

六 元青花瓷器标准器的解读

所谓元青花瓷器的标准器，这是借用传统鉴定方式的一种说法。在文物鉴定中，传统的方法就是眼学，即用眼睛判断文物的真伪，那就需要鉴定者把自己大脑中储存的标准器型作为参照物，来判断鉴定物的真伪。有些人把眼学说得十分神秘，玄而又玄。其实说白了，眼学就是器型学的比较。

比较什么呢?

对于瓷器来说，就是比较被鉴定文物和标准文物的工艺、胎料、重量、釉彩、器型、底足、声音、宝光、开片、气泡、纹饰、图案、款识、神韵、题记、文献，也就是比较两者之间的物理性能、化学性能和文化因子。

其中重量、色彩、器型、底足、声音、宝光、开片即器物的大小，几何形状、颜色和密度是被鉴定器物的物理指标；胎料、釉、气泡是物理和化学指标的综合；而工艺则是更为复杂的一项综合指标；其余的纹饰、图案、款识、神韵、题记、文献就是被鉴器物的文化因子。

应当说明的是，鉴定不是简单的单个因素的判断，而是所有这些因素的辩证和综合的结果。单凭任何一点作出肯定和否定的结论实质上都是机械唯物主义的思维方式作祟。

1.标准器象耳瓶

图6-1 一对元青花云龙纹象耳瓶

英国大维德基金会收藏的象耳瓶就是人们耳熟能详的元青花瓷器的标准器。它最为国人纠结最为国人叹息也最为国人愤慨，因为它曾经不被承认而远走海外。“至正十一年”铭象耳瓶共有一对，在大英博物馆展出，由大维德基金会收藏（图6-1），曾被送展上海博物馆元青花大展的只是其中一件（图6-2），这件云龙纹象耳瓶是被业内人员认为具有重要断代意义的元青花瓷器。上海博物馆的陶瓷研究员陆明华先生认为：“这对青花瓶成为衡量许多相同类型瓷器的一杆标尺，解决了一个重要的历史问题，元青花瓷器界限的清晰呈现，无法离开这杆标尺。这对瓷瓶上的纪年文字，给我们用以断代，减少了许多费力的说理和繁琐的考证。”①就是这么一件现在被权威专家们认定的标准器，它的命运一开始并非如现在这样的显赫，我们在后文中将会向读者展开详尽的论述。在此仅仅就它是否“标准”提出一些不同的看法。

图6-2 上海博物馆展出的一件元青花云龙纹象耳瓶

这件至正年间的元青花象耳瓶，单就发色来看，似乎并不标准。它的青花发色青翠，这种带翠

图6-3　元青花鬼谷子下山图罐

图6-4　元青花萧何月下追韩信图梅瓶

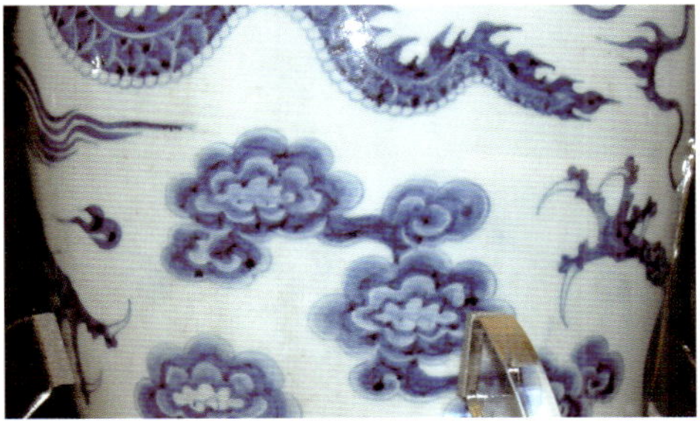

图6-5　元青花云龙纹象耳瓶（局部）

图6-6　元青花鬼谷子下山图罐（局部）

图6-7　元青花萧何月下追韩信图梅瓶（局部）

的发色没有大多数元青花瓷器的发色那样有蓝中带黑的感觉。也许有的读者会认为图6-1是大英博物馆的灯光环境所致，那么元青花鬼谷子下山图罐（图6-3）、元青花萧何月下追韩信图梅瓶（图6-4），和图6-2是在相同的展览条件下，在相同的灯光效果下，仍然显示出明显的差异。

为了比较这种不同，我们在上海博物馆拍摄这三件瓷器的局部特写时都采用了闪光（图6-5、图6-6、图6-7），它们发色的差异更为明显。三件著名的元青花瓷器，三件被业内认定为元代器物的瓷器，它们在青花发色上的不同是显而易见的。这就是实物放在面前的结论，而非书本上的讨论。从上海博物馆展出的元青花瓷器的整器来看，大多数的发色为蓝中偏黑。

因此，单从元青花的发色来看，至正象耳瓶完全不能成为元青花瓷器的标准器，以它作标准，将会否定不少元青花瓷器。

图6-8　元青花云龙纹象耳瓶上的叶子（局部）

图6-9　元青花萧何月下追韩信图梅瓶上的叶子（局部）

图6-10　元青花盖罐上的叶子（局部）

再从象耳瓶的纹饰来看，它能否成为元青花的纹饰标准呢？

象耳瓶上的叶子（图6-8）和萧何月下追韩信图梅瓶上的叶子（图6-9）完全不同，象耳瓶上的叶子叶片基本相同、叶子最下面的叶片没有下弯，而梅瓶上的叶片有明显的大小，最后的叶片明显下弯。也许有的读者会说，象耳瓶上画的是菊花叶子，而后者画的是莲花叶子。那么，高安出土的元青花盖罐上的叶子也是菊花叶子（图6-10），它也明显和象耳瓶上的叶子不一样。

图6-11　元青花云龙纹象耳瓶上的胎土（局部）

由此可见，象耳瓶树叶的纹饰也不能作为其他元青花瓷器的标准。

因为上海博物馆展出这件象耳瓶时，是放在中心展柜中的，所以能近距离仔细观察。我们发现象耳瓶的象耳下的肩上有一处胎土（图6-11），大多数的观赏者都把它看成是象耳瓶的缺损，收藏家应伟达先生却从所谓的胎土下看清了隐隐约约的青花发色，这就说明这不是系环用的瓶上附件，它应该是烧窑时为防止瓶因过高而倒下的支撑点，所以在瓶身两侧都有设置，瓷器烧成后去掉时留下的痕迹，因此它也应该是瓷器上的窑搭。这种窑搭是元青花瓷器烧制工艺的产物，而我们在其他器身较长的元青花瓷器上并没有发现类似的装烧工艺。显然，它也没有普遍性。

从青花发色、纹饰图案和装烧工艺来看，把这件传世的器物作为标准器，将会否定其他的元青花瓷器。

2.鬼谷子下山图罐标准吗？

最出名的元青花鬼谷子下山图大罐，能否成为元青花瓷器的标准器呢？当它以2.3亿元的天价创造了当时中国艺术品在世界上的最高市场价位时，所引起的轰动，不仅大大提升了元青花瓷器的总体市场价位，更在国内外引起了元青花研究的一波又一波的高潮。显然，我们不能低估由市场引起的关注，它对学术研究的推动作用，是十分显著的。问题是这件据说是放在家中存放碟片的罐子，从一开始就引起了质疑，一是质疑它的真伪，二是质疑它的天价。质疑真伪者以裴光辉先生为代表，其主要理由是它的人物造型不具元代特征，而所使用的兵器也非元代器物[2]；质疑天价者以吴树先生为代表，在他的著作中，就有一节以这样的问号为标题“问号：‘鬼谷子下山图罐’真那么值钱吗？”[3]该书还以“‘鬼谷子先生’下山后究竟身藏何处？”来猜测这件天价元青花瓷器的真正买家，因为当时拍下这件瓷器的美国古董商埃斯凯纳齐“曾向外界披露了一个令人意外的秘密：他是受人所托参加拍卖的，并非这件拍品的真正藏家”[4]。

鬼谷子下山图罐之所以会引起各种质疑，其中一个重要原因恐怕它是一件征集的拍卖品。据吴树先生统计，从1994年5月至2006年12月国内外共拍卖了48件元青花瓷器，[5]这当然是一个不完全统计，也不是世界迄今为止拍卖的元青花瓷器总数。从有拍卖行当那天起，全世界拍卖的元青花瓷器大约有200件左右，这样的数字，恐怕会突破300件或400件之说，因此，对拍卖的元青花瓷器产生怀疑是完全可能的。上海博物馆在元青花大展中展出了鬼谷子下山图罐，似乎有为此件拍品正名之意。一是让观众能近距离看清它的庐山真面目，从它的图案、青花发色、苏料特征、制胎方式等来自行判断它的真伪；二是回答了它的主人究竟是谁的问题，从展出时的说明来看，明确地告诉观众这是英国ESKENAZI LTD.提供（图6-12）。显然，这就是上文所说的美国古董商埃斯凯纳齐先生。不过，这样的说明还是存在玄机，“提供”并非“收藏”，它的真正主人究竟是谁恐怕还是个谜！据相关人士透露，这件鬼谷子下山图罐交给上海博物馆展出时，居然是从国外邮寄至上海的，虽然已经保险，但此举也不失为大胆！

这里不讨论鬼谷子下山图罐的真伪，读者如果把它和大维德基金会收藏的云龙纹象耳瓶作一比较，就可以看出两者青花的发色没有相似之处。那么能不能因此相互否定呢？恐怕不能，它们的不同，似乎在向世人昭示，元青花瓷器或许本身就不应该完全相同。鬼谷子下山图罐的发色和云龙纹象耳瓶不同，但它的某些纹饰却和一些出土物十分类似，比如鬼谷子下山图罐上的苏代画像，和南京出土的萧何月下追韩信图罐上的萧何画像有着惊人的一致（图6-13、图6-14）。马未都先生和上海博物馆的翟扬副研究员都认为，这应该是当时同一画师的佳作。因此，就鬼谷子下山图罐的人物画像来看，它和出土物的一致性，确定它为元青花瓷器应该没有问题。

图6-12　元青花鬼谷子下山图罐展出说明

3.出土元青花标准器

图6-13　元青花鬼谷子下山图罐（局部）

图6-14　元青花萧何月下追韩信图梅瓶（局部）

出土瓷器是作为鉴定的标准器，应该是文博界普遍的共识。

把江苏南京市江宁县观音山明洪武二十五年沐英墓出土的萧何月下追韩信图梅瓶作为标准器，来鉴定新发现的非出土的元青花瓷器应该完全没有问题。不过，事情并非那么简单。因为学术界对这件明洪武年间出土的青花梅瓶，是否是元代的瓷器还存在着一定的争论，理由也并非不充分。

首先，它并非是科学出土物。据百度介绍：“萧何月下追韩信青花梅瓶的经历非常复杂。1950年，沐英墓被盗，这件青花梅瓶就是被盗文物之一，并很快被卖了。据当年资深文物专家王引先生介绍，当时，有人在新街口附近，抱着个大瓷瓶子兜售。刚巧，这一幕让当时开古玩店的收藏家、解放后在南京文物公司工作的陈新民看到了。陈新民一见，便认出这是一只梅瓶，知道这东西不简单。陈新民心中窃喜。当时，他就判断这是元代的瓷器，便问那人从哪里得来的，要多少钱。那人看到陈新民认货，便开始讲价。宝物求之不得，稍纵即逝。陈新民最后花5根金条(一说10根金条)买了下来。后经文物专家鉴定，这只梅瓶是一级国宝，定名为‘梅瓶’。目前收藏于南京市博物馆，系该馆的‘镇馆之宝’，中国瓷器三绝之一。”这个故事说明了这件梅瓶的传奇出身。这种传奇，也给注重科学和传承的学者提供了置疑的可能。

其次，即使它的确是洪武二十五年墓葬的出土物，也不能绝对说明它一定是元代的器物。耿宝昌先生曾经说过当时就对这件器物究竟是元还是明有过争议，他在《明清瓷器鉴定》一书中说：“我们不能认定洪武墓葬中就没有先朝遗物，只能推断出它的下限不会晚于洪武时期，这样立论较为客观。”⑥当然，耿宝昌先生和多数学者一样，现在都认为这件梅瓶应该是元代的器物。但是，有没有可能这件东西真的不是元代的器物呢，在明代立国二十五年后出现的器物，它绝对是前朝的吗？恐怕谁都没有这个把握，否则就不会有开始时的争论。即使这件梅瓶有明显的元代风格，也完全可能是明初的陶瓷艺人传承了元末遗风的结果。

我们在这里只是提出假设，而不是判断它的年代。因为这种假设，有它一定的科学性和合理性。我们想说的是，把非科学出土的明初墓葬中的器物定为元代青花瓷器的标准器，还不能具有绝对的说服力。我们还是应该把注意力集中在科学发掘出土的元代青花瓷器上。

好在新中国的考古实践已经为文博界提供了不少科学发掘的元青花瓷器。2012年7月13日，安徽省博物馆在其官网上发布的资料：“元青花双兽耳牡丹纹盖罐，高47.5厘米，口径15.6厘米，底径18.7厘米，1973年11月蚌埠市东郊曹山明初汤和墓出土，现藏蚌埠市博物馆。”这件元青花瓷器在安徽省博物馆50周年庆大展（图6-15）和上海博物馆元青花瓷器大展（图6-16）中两次现身，不同的布展和不同的光线，使青花呈色略有差异。上海博物馆把这件出土器放在两面玻璃的展柜中展示，能使观众看清它的全貌。它的青花发色略显淡雅，比同时期出土的萧何月下追韩信图罐的青花颜色淡得多。再加上它也是一件明初墓葬出土的瓷器，恐怕还可能产生年代的争议。

图6-15　元青花双兽耳牡丹纹盖罐

图6-16　元青花双兽耳牡丹纹盖罐

那末就来看看最新出土的元代墓葬中的青花瓷器，把它定为元青花瓷器的标准应该没有什么异议。这是一件科学发掘出土的元代青花瓷器(图6-17)，据《咸阳日报》2011年6月23日报道："市文物保护考古所在原新开门村北侧发掘古代墓葬17座，两座元代墓葬保存完好。其中一座墓志铭上显示，这是元代的张弘毅与前三位夫人的合葬墓，并在这座墓葬中出土了14件（套）珍贵瓷器，其中1件是罕见的元代青花瓷。"这种有墓志的墓葬，以及科学发掘，是对这件元

图6-17　元代青花人物图匜

代器物最有说服力的证据，年代可靠加上物主可靠，它比高安的窖藏更能说明问题，高安窖藏物的主人至今在学术界还没有定论，把高安出土的元青花瓷器的主人定为元代伍良臣⑦的论据实在是苍白无力，得不到普遍的认同。这件最新出土的元代青花人物图匜，是上海博物馆元青花大展的重要展品。据当时的报道，它“色泽鲜亮，图案明朗，一圈花纹中心，是人与鹤自然相处”⑧。但是，从图6-17明显可以看出，它的色泽并不鲜亮，不要说同云龙纹象耳瓶相比，就是同鬼谷子下山图罐和萧何月下追韩信图梅瓶相比，它的色彩也逊色不少。可见，有些记者因缺乏专业知识或者没有参照物的对比所写成的报道容易造成误解。这件器物的青花发色偏灰，釉面也已经有所剥落，如果它不是一件标准的出土器，恐怕某些学者会把它定为仿品，而以它的发色来判断其他元青花瓷器，恐怕会得出其他瓷器都是仿

图6-18　美国波士顿艺术馆藏元青花云肩云龙纹罐

品的结论。如美国波士顿艺术博物馆藏元青花云肩云龙纹罐（图6-18），它的青花发色略显淡雅，而且苏来麻尼料的特征也不太显露，和其他元青花瓷器相比，它显得有些格格不入。恐怕很难得出这也是一件元青花瓷器的结论，但我们认为，它或许是最为正宗的元青花瓷器。因为，它的苏料特征不明显，可能反而是在绘画过程中，其所用的苏来麻尼料淘治更为精细，其粉碎和碾磨的工艺特别精到，在绘画时，笔所蘸的色料很少在纹饰上留下颗粒状的苏料，所以烧制的纹饰图案淡雅明快，只有精心制作的元青花瓷器才会出现这样的效果。这件元青花云肩云龙纹罐，无论是它的器型、工艺和纹饰图案都是一件相当不错的元代艺术精品。值得一提的是，它的龙纹，已经和常见的元代龙纹出现差异，它的龙颈和龙身开始变粗，龙舌伸出如匕首，这些都带有明代龙纹的特征，加上它的青花发色淡雅，和上海博物馆藏明代成化青花夔龙纹碗的青花瓷器发色相似（图6-19），也有人认为把它定为元代时的器物还是可以商榷的。因此，把它作为元青花瓷器的标准器，恐怕也会因此否定其他的元青花瓷器。

图6-19　明代成化青花夔龙纹碗

实在是犯难，仅从青花发色来看，从上海博物馆元代青花瓷器大展中展出的元青花瓷器上，就可以发现四种深浅不同的颜色，有青翠、蓝黑、蓝灰和淡雅等发色（图6-20、图6-21、图6-22、图6-23）。而从器型来看，如果把过去看到过的元青花瓷器器型作为唯一标准，那么俄罗斯送展的蒙古包也就会被打入冷宫。可见，我们不能抓住某一点或者说某一件器物作为定性的标准来判断元青花瓷器的真伪，这种线性思维极有可能把一些我们没见过的元青花瓷器作为仿品而轻易否定。

也许读者会问，对这些公认的元青花瓷器发出一个又一个疑问，难道真的就没有一件元青花瓷器的标准器吗？

图6-20　元青花瓷器上不同的呈色——青翠（局部）

图6-20　元青花瓷器上不同的呈色——蓝黑（局部）

图6-20　元青花瓷器上不同的呈色——蓝灰

图6-20　元青花瓷器上不同的呈色——淡雅(局部)

我们并不否定这些被人们公认的元青花瓷器，我们想说的是：单一的线性的找出一个公认的元青花瓷器作为唯一标准来判断所有的元青花瓷器，或者新出现的元青花瓷器，恐怕会找不到正确的答案。对于元青花瓷器的判断只能进行综合的复杂的论证，才能找到共识。即使以现在的判断被大多数专家认为是元青花赝品，也没有必要采取“暴力”的手段对待这些瓷器，也许，深入地研究会改变人们的认识。当人们的传统认识不能达成一致时，将来的科技手段或许能帮助人们作出正确的判断。人类总得不断进步，对元青花瓷器的认识也会逐步发展，从而不断接近真理。

我们还会在后面的章节中讨论类似的标准器的问题。总之，元青花瓷器的标准是复杂的，它的多样性才是元青花瓷器的魅力所在。标准不能简单，真理不会穷尽。

①《东方早报》2012年10月19日。

②http://www.sina.com.cn 2005年8月24日，《海峡都市报》。

③吴树：《谁在拍卖中国》，山西人民出版社2010年版，第116页。

④同上，第118—119页。

⑤同上，第112—113页。

⑥耿宝昌：《明清瓷器鉴定》，中华书局香港分局1984年版，第8页。

⑦刘金成：《高安元代窖藏瓷器》，朝华出版社2006年版，第11页。

⑧《咸阳日报》2011年6月23日。

七　不同来源元青花瓷器的解读

在我们统计的232件馆藏元青花瓷器中，它们的来源可以分成以下4类，即出土器、原馆藏器、拍卖器和征集器。分类以这些元青花瓷器展出时的说明为主要依据，也有来自新闻媒体的报道，列表如下：

表7-1　馆藏元青花瓷器的来源

分类	出土器	原馆藏器	拍卖器	征集器	总计
数量	96	124	2	10	232
占比（%）	41.38	53.45	0.86	4.31	100%

从上表可知，在统计的馆藏元青花瓷器中，出土器占到41.38%，将近一半，当然，这里所指的出土器也包括出水器。事实上，还有没有统计进去的江西高安的部分出土器、河北保定的部分出土器、2011年山东出土的元青花梅瓶，以及我们力不能及的各地出土和出水的元青花瓷器。如果发动全国博物馆系统的有心人士认真作出统计，哪怕是不完全的统计，也一定比笔者的努力强许多，也许数字将超过现存馆藏元青花瓷器的一半。随着历史推进，出土器物一定会越来越多，也必然会对元青花的研究产生更大的影响。

事实上，在占有最大比例的124件原馆藏的元青花瓷器中，也包含有出土或出水的器物，比如上海博物馆元代青花瓷器大展展出的一些元青花小件中，就有这类的瓷器，我们将在下面的章节中作详细分析。因为许多博物馆在展出这类瓷器时，不作来源说明，我们就把它们归到原有的馆藏器中分析，但尽量挑选出土或出水痕迹不明显的器物进行分析研究。事实上，所谓馆藏器的来源最为复杂。迄今为止，我国的文物馆藏资料是不对公众开放的，我们只能通过新闻媒体或者展览说明等公共媒介搜集相关资料。其实，这些所谓的馆藏器，不仅包括出土和出水的瓷器，也包括拍卖和征集的瓷器，也有不少是历朝遗留的瓷器，当然更有不少爱国人士捐献的瓷器。有的传承有绪，有的几经波折，已经很难查考它们的前世今生。

拍卖器中的鬼谷子下山图罐已经在前文中作了解读，而另一件因资料不全就不能详细介绍。征集器也已经在第2章、第3章作了解读。以下仅挑选出土和原馆藏的元青花瓷器中的部分代表性器物作些解读。

1.馆藏传世元青花瓷器

馆藏元代青花瓷器，其中也有一些出土器和征集品，因馆藏时间很长，已经不太了解这些瓷器的进馆方式或者展出时没有说明原因而被归入馆藏器分类。真正的馆藏元青花瓷器，恐怕应该是土耳其和伊朗的馆藏品，它们都是从元代传承至今的历史见证，都是真正的传世品。因此，这里主要解读的就是这两个国家的馆藏传世品。

著名学者许明先生在伊朗国家博物馆上手观摩并拍摄馆藏的元青花瓷器（图7-1至图7-5），因能亲手观摩并对着这些难得一见的珍宝近距离拍摄，所以能够清晰地反映这些瓷器的表面痕迹，它比隔着玻璃观赏和摄影，更能正确地表现元青花瓷器的本来面目。

从这些图上可以清楚地看到一条又一条的划痕，这些划痕长而直，尽管长短不一，但都清晰可见，有的已经嵌有污垢而显黄褐色，有的还保持清洁而呈黄白色。在这些划痕周围，往往会有各类短的划痕或者触点。所

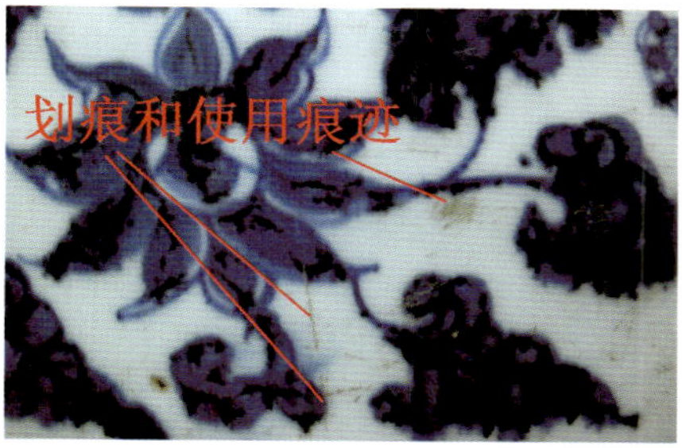

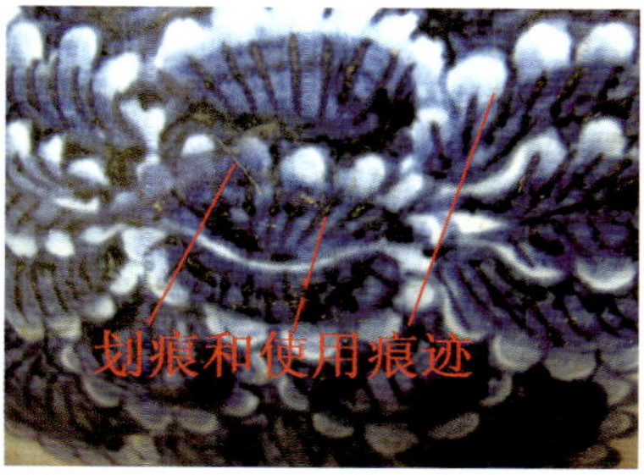

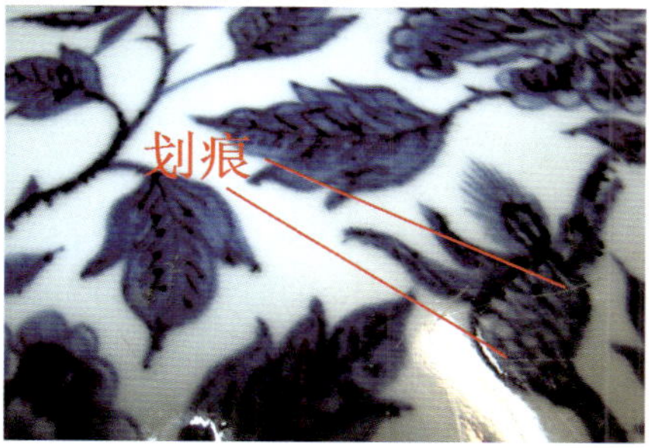

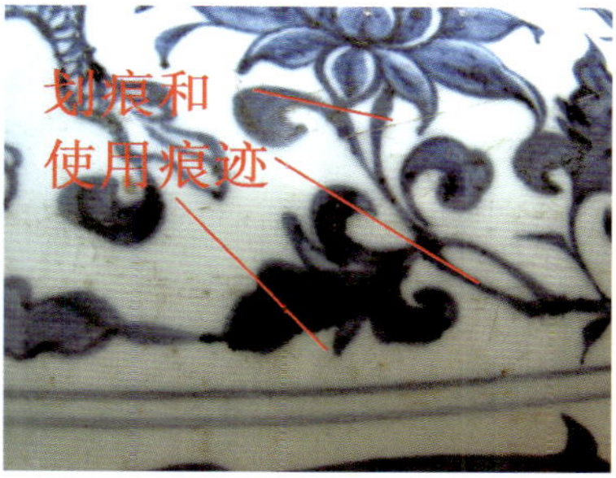

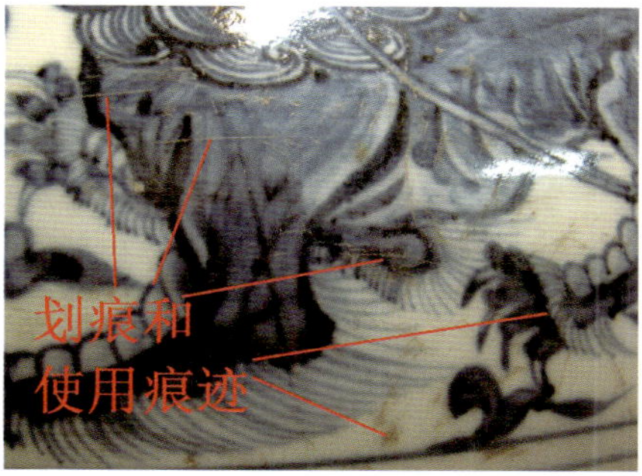

图7-1、图7-2、图7-3、图7-4、图7-5 伊朗国家博物馆藏的元青花大盘上的划痕和使用痕迹（局部）

有这些划痕和触点，应该都是当初使用的痕迹。这些中东地区的民族是用这些大盘盛放肉类进食，当围坐的用餐者在切割这些盘中的肉类时，势必会留下切割的刀痕。虽然釉的硬度和玻璃相仿，一般情况下钢刀不会留下痕迹，这就是大盘上不会都是刀痕的缘故，但长期的使用，终究会留下切割的刀痕，这就是我们经常所说的水滴石穿的道理。这些刀痕就是传世品最好的证据。

一般来说，传世品往往都会留有使用的痕迹，由这些划痕可见一斑。

对于元青花中的大盘来说，没有痕迹的传世品，除非当初就作为陈设瓷，否则应该要打上问号。

土耳其博物馆收藏的传世蓝地白花大盘（图7-6至图7-8），它也存在着使用的痕迹，它不仅有着使用时产生的各种划痕和触痕，而且，还在使用中出现了损坏，口沿处已经有了崩口。

传世的元青花瓷器，不仅是盘类器物，其他圆器和琢器也有类似使用损坏的痕迹。图7-9是这次上海博物馆元青花大展中的一件伊朗藏元青花缠枝牡丹瑞兽纹双耳罐，这件大罐也存在着使用中损坏的现象，它的双耳，一个已经残缺（图7-10），一个是损坏后重新补上的（图7-11）。由此可见，传世的元青花瓷器往往都有这样或者那样的缺陷。

图7-12是一件伊朗藏元青花大碗，它也出现了口沿处的崩口，可惜的是因为没有高手修补，造成如今这样的破相（图7-13）。而另一件土耳其藏的元青花鸳鸯莲塘纹折沿卷口大碗（图7-14），它虽然在口沿处也有剥釉

图7-6　土耳其博物馆藏蓝地白花大盘

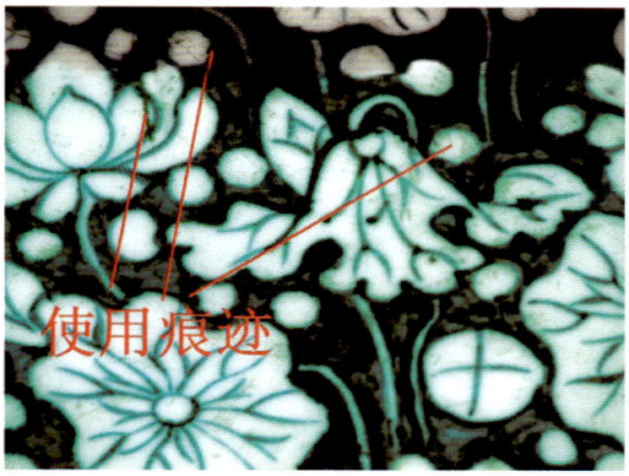

图7-7 土耳其博物馆藏蓝地白花大盘的使用痕迹(局部)

图7-8 土耳其博物馆藏蓝地白花大盘的崩口(局部)

图7-9 元青花缠枝牡丹瑞兽纹双耳罐

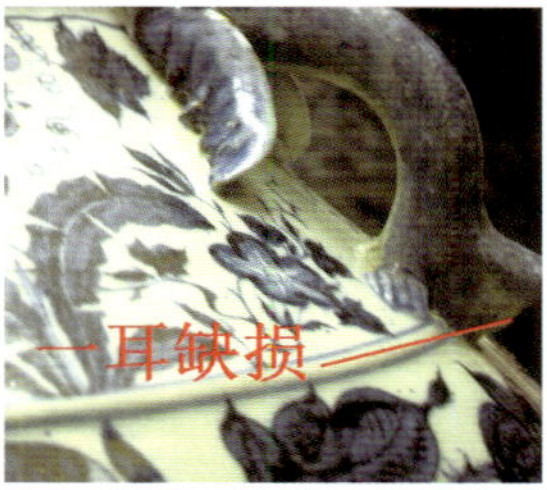

图7-10 元青花缠枝牡丹瑞兽纹双耳罐,一耳缺损(局部)

图7-11 元青花缠枝牡丹瑞兽纹双耳罐,一耳粘结(局部)

图7-12 伊朗藏元青花大碗

图7-13　伊朗藏元青花大碗的崩口修补处（局部）

图7-14　元青花鸳鸯莲塘纹折沿卷口大碗

现象，但因为是使用过程中的自然损伤，剥釉处沧桑感十足（图7-15），风采依旧，是一种成熟和古朴的美，十分惹人喜爱。把图7-13和图7-15作一比较，就可以知道，同样是缺陷，有的丑陋，有的俊美。因此，在关注元青花瓷器的损坏情况时，也要具备相应的美学知识，才能真正理解元青花

图7-15　口沿处的剥釉（局部）

瓷器带给人们的美感。

并不是所有传承至今的元青花瓷器都会出现这样或那样的使用过程中的磨损或缺损。在我们所能见到的232件元青花瓷器中，有的一开始就作为陈设器供奉在宫殿或达官贵人的厅堂里，它们有人小心侍候，所以能完整保留至今；有的不幸沉没海底，却有幸被海水保护，出水时丰采依旧，光鲜亮丽；有的因复杂的环境因素，在各种物理和化学因素的作用下，产生冲线或其他裂痕；有的经碰撞而损坏。如此种种，都会使元青花瓷器产生形式各异的痕迹或者说特征，这就需要鉴赏者用心领会，切不可以一斑而窥全貌。

2.出土元青花瓷器

在出土的元青花瓷器中，有的是因碰撞而出现的破损，但它们和传世元青花瓷器有着完全不同的表面特征。

请看一件新出土的元青花瓷器，就是在陕西西安原新开门村北侧发掘元代墓葬中的青花人物图匜（图7-16、图7-17），墓志铭上显示，这是元代的张弘毅与前三位夫人的合葬墓，而在上海博物馆展出时的说明写成张达夫。据《西安晚报》报道："其中一座命名为M6号的元代墓葬，墓志记载，墓主张弘毅，字达夫，原家安陆，后遇兵乱流离关中，为纪氏所收养，遂为

图7-16　新出土元青花人物图瓷器的芒口和剥釉

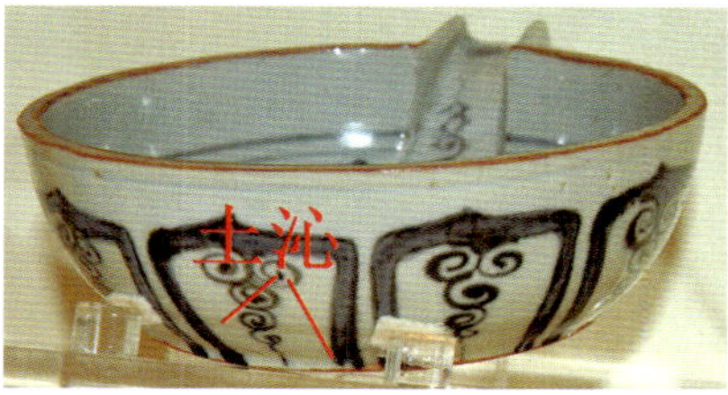

图7-17　新出土元青花人物图瓷器侧面的土沁

关中人，至元五年（1339）六月二十二日卒，享年66岁。张达夫一生娶妻四位，前三位夫人姓武、李、赵，皆先卒，继夫人为刘氏，M6号墓就是张弘毅和前三位夫人的合葬墓。”“出土的青花瓷匜是盛水瓷器，色泽鲜亮，图案明朗，一圈花纹中心，是人与鹤自然相处。像这种北方出土的元代青花瓷，还带有人物图案的是比较少见的。尤其青花瓷在元代墓葬中非常罕见。因此，这次出土的所有瓷器均可作为元代瓷器的标型器，具有十分重要的意义。”

这样一件科学发掘，墓志详尽，无可怀疑的元青花瓷器，能否如记者所说“可作为元代瓷器的标型器”呢？

先看它的图案。这是一件人物图的元青花瓷器，它的出现，打破了以往人物图出现在器型硕大的琢器上的惯例。在以前出现的元青花人物图，一般都是画在玉壶春瓶、大罐和梅瓶上，这些都是被学者称为精品类的元代青花瓷器。而这件青花匜，却明显是一件小器，被名不见经传的人物收藏，它是否预告着所谓元青花人物图在当时并非十分珍贵，只要是有钱人家，就可以作为商品购买呢？

其看它的发色，和本书前面介绍的被专家学者视作标准器的象耳瓶和萧何月下追韩信图梅瓶有着很大的区别，象耳瓶发色青翠，萧何月下追韩信图梅瓶发色蓝黑，而这件人物图青花匜发色却呈现青中带灰，显然，把它作为标准器就会和这两件公认的标准器格格不入。

当然它有着自己可作为参考的特征，这就是作为出土器物特有的表面特征。它的器外壁上有明显的土沁痕迹，这是出土瓷器上经常会出现的表面特征，把它作为鉴定元青花出土瓷器的参考依据之一，或许能对收藏者有所帮助。而其釉面剥落现象也是可作参考的特征，在剥落处已经发现受沁的现象。元代青花匜的芒口，应该是宋代瓷器工艺特征的遗传。

无独有偶，1977年在安徽出土的一件元青花匜上（图7-18），也有类似的土沁和芒口特征。这种土沁现象，在出土的瓷器上都会或多或少留下深浅不同的痕迹，在明初汤和墓出土的一件盖罐（图7-19）上也留有这样的痕迹。这样的特征带有一定的普遍性，读者可以在许多出土元青花瓷上发现

图7-18　安徽出土的元青花匜上的土沁

图7-19　明初汤和墓出土的元青花盖罐的土沁（局部）

这样的痕迹。

能不能把这样的特征作为鉴定出土元青花瓷器的标准呢？凡事不能一概而论，图7-20是一件湖北钟祥郢靖王墓出土的元青花梅瓶，它的器身基本上就没有出现土沁现象。

图7-20　元青花梅瓶（局部）

而且，器物在地下的环境十分复杂，简单地说，出土器分墓葬出土和窖藏出土，后者的出土器相对来说比前者的出土器来得干净，但也不是用线性思维就能鉴定究竟有还是没有土沁，或者说用一点来肯定或者否定。图7-21是保定窖藏出土的元青花梅瓶，它的器身几乎不见常见的出土痕迹（图7-22），但器口却有出土痕迹（图7-23）。而图7-24是高安出土的元青花盖罐，除了金属环生锈外，器身只有一处有出土痕迹。

综上所述，对于出土的元青花瓷器，我们也很难确立一个唯一的能够一锤定音的标准器，任何抓住一点所谓标准来确立元青花瓷器真伪的鉴定方式，都是靠不住的！

图7-21 保定窖藏出土的元青花梅瓶

图7-23 保定窖藏出土的元青花梅瓶（局部）

图7-22 保定窖藏出土的元青花梅瓶（局部）

图7-24　高安出土的元青花盖罐上的土沁

本章举了一些传世和出土的元青花瓷器来探讨它们的表象特征，这些特征还不能包括这些瓷器特征的全部，更不能以此某一点来作出元青花瓷器真伪的判断。元青花瓷器的真伪鉴定，是一个综合判断和理性思考的过程，不是匆匆忙忙的一锤定音就能了结的事情。

八　元青花瓷器呈色特征的解读

瓷器上的各种纹饰图案呈现的五颜六色，都是各种呈色元素在一定温度和窑炉气氛下的表现。比如铁元素，它往往会使瓷器釉和胎的颜色呈现褐色、棕色甚至黑色，这主要决定于铁元素在釉或胎中的含量；而铜元素则视窑炉的温度和气氛不同而呈现绿色或红色；锑元素则可以呈现黄色；在瓷器中最广为人知的青花图案，则是由钴元素的呈色作用而生成蓝色的纹饰。所有这些呈色元素在自然界都是以氧化物的形态存在，而作为一种天然的矿物料，它们又是和其他元素一起，形成分子结构相当复杂的共生化合物，这类共生矿，在古代根本不可能提炼而形成单一的元素氧化物，因此，古代用在瓷器上的呈色剂都是天然的共生矿，而矿料的成分组合取决于它们的产地，不同的产地会提供不同组合的矿物料。就拿青花瓷器的钴料来说，除了都含钴元素这一必不可少的组成外，还可能因产地不同而含有不同的其他元素，如锰、铁、铝、锑甚至金银等。这些其他元素有的不起呈色作用，有的也会呈现不同的颜色，它们的含量和组成比例，往往会影响主要呈色元素的作用。比如锰会呈现紫色，而铁呈现褐色等。元青花瓷器的蓝色，因其所选用的天然含钴元素的矿料，是特定年代特定地区的矿物料，它的元素组成有其特殊性，所以它会呈现这种钴料特有的呈色作用。因为在这种矿物料中，除了钴这种元素外，还有铁和锰以及其他元素，而铁和锰作为呈色元素，它们的组成是含铁高含锰低，这就使这样的矿物料在烧成瓷器后，呈现特殊的蓝色，这种蓝色的特征，为元青花瓷器的鉴定提供了很好的参照依据。

图8-1 元青花云龙纹梅瓶的晕散呈色特征（局部）

元青花瓷器的呈色特征，主要有以下广为人知的几点：即“晕散”、“点晕”和“串珠”、“黑斑”、“铁斑”、“锡光”、“下凹”、“天坑”。

现简要介绍如下：

所谓“晕散”，就是凝聚的青花钴料烧制后在釉下产生的一种青色发散现象。出土于湖北省钟祥市郢靖王墓的元青花云龙纹梅瓶，这虽然是一座明代的墓葬，但根据这件梅瓶的器型、纹饰，尤其是它的青花发色，可以断定它是一件元青花瓷器，它上面的青花呈现明显的晕散（图8-1）。

用通俗的语言来表述：“晕散”就像一点蓝墨水滴在宣纸上所产生的蓝色逐渐化开的形状。

和“晕散”这种特征相关联的就是随之而来的“点晕”、“黑斑”、“串珠状凝聚”、“铁斑”和“锡光”等苏来麻尼青花钴料所产生的一系列特殊现象。

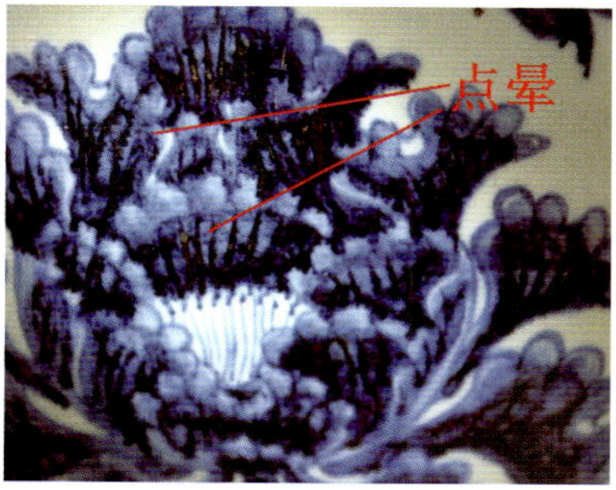

图8-2 元青花牡丹纹龙耳罐上的点晕（局部）

“晕散”因其色块形状的不同而分成圆状晕散、条状晕散和块状晕散。当然，这些晕散的不同形状自身也不是千篇一律的，并且，它们之间可能也存在相互关联和不同变化。读者可以在元青花瓷器纹饰中寻找这种晕散的不同表现形态。

所谓“点晕”，是指元青花瓷器烧

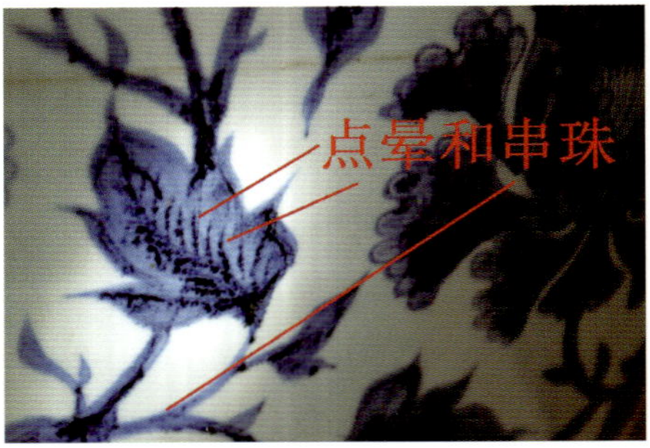

图8-3　元青花牡丹纹龙耳罐上的点晕和串珠(局部)

制后在青花中出现的点状晕散这种特殊情况。图8-2是大英博物馆藏元青花牡丹纹龙耳罐上的局部图，在牡丹纹的花蕊部分，可以清楚地看出这种特殊的点晕现象，通俗地说，“点晕”是晕散现象的特例，是圆状晕散的小型化。读者还可以在这张图上发现苏来麻尼料青花其他特殊的现象，即黑斑和锡光。

“点晕”如果排列成串，就会形成又一个苏料青花的特殊现象，即“串珠状凝聚”。图8-3就是同一件大英博物馆藏元青花牡丹纹龙耳罐上的点晕和串珠，图中可清楚地看到一粒又一粒的点晕排列成串，形成一条类似项链的串珠状凝聚。

“黑斑”是点晕特征的扩大和色差的深化。它应该呈现不同的色差，由淡至深，呈现藏青色、黑青色、铁褐色、铁锈色、黑褐色和黑色。在诸多呈色之间，我们认为还是称之为“黑斑”比较合适：一是“黑斑”一说，可以和青花的“青”有所区别；二是“黑斑”还能和“锡光”及“铁锈斑”区别开来，关于“锡光”和“铁锈斑”，应该是和“黑斑”不同的早期青花的呈色特征，尽管它们和“黑斑”有关联，且是伴生的特征，但还是有别于“黑斑”；三是“黑斑”的命名，已经约定成俗，容易被爱好者和研究者所认同。

真品元青花瓷器上的“黑斑”，泛光而不刺眼，“黑斑”形状发散自然，其构成的连缀线和画笔的走势一致，“黑斑”、“锡光”和“下凹”，贴切自然，相得益彰。一般说来，“黑斑”都规范地约束在青花之内。在我们提供的众多图片中，已经有了不少显示“黑斑”的图象，读者可在本书中找出这样的明显特征。

“铁斑”是“黑斑”的特殊情况，多数学者认为：一是“铁斑”和“黑斑”在呈色上有密切的联系；二是“铁斑”和“黑斑”是同一事物的两种不同称谓。我们认为，尽管“铁斑”和“黑斑”无论在呈色上还是在形成机理上，都有密不可分的联系，但它们应该分开称谓，不能混淆，这样才能真正体现“铁斑”和“黑斑”这两种元青花瓷器上的呈相特征。应该强调的是，“铁斑”和“锡光”以及“天坑”，有着密切的关联，它们往往是共生的元青花瓷器上的呈色特征。

“铁斑”、“锡光”和“天坑”这三个特征，往往是元青花瓷器中最为纠葛的特征，也是十分明显而又较难判断的特征，因为它们也是仿制高手重点仿制的特征。对于这三个特征的正确解读，是鉴定元青花瓷器的关键，能读出这些特征，读懂这些特征，对于鉴定元青花瓷器的真伪有事半功倍的作用。“锡光”，是指元青花瓷器黑斑和铁斑上泛出的光泽，有的明显，有的要在一定的角度下才能看清，在一些瓷器的青花图案上可以明显地看出“铁斑”和“锡光”的呈色特征（图8-4、图8-5、图8-6）。而把“铁斑”、“锡光”和“天坑”表现得淋漓致尽的元青花瓷器请看下面诸图：图8-7是崇阳

图8-4　高安出土龙纹梅瓶盖（局部）

图8-5　萧何月下追韩信图梅瓶（局部）

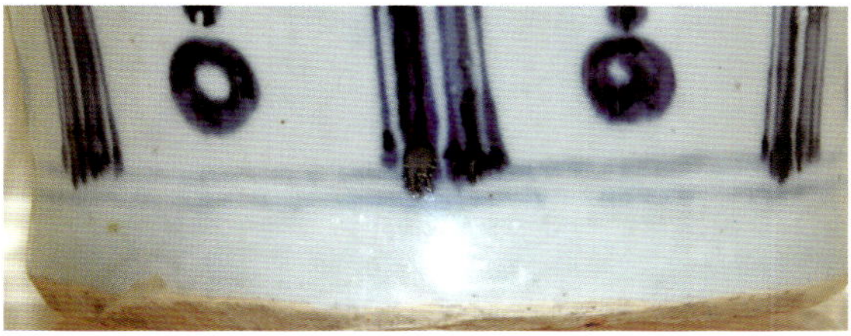

图8-6　萧何月下追韩信图梅瓶（局部）

图8-7　崇阳县博物馆藏梅瓶(局部)

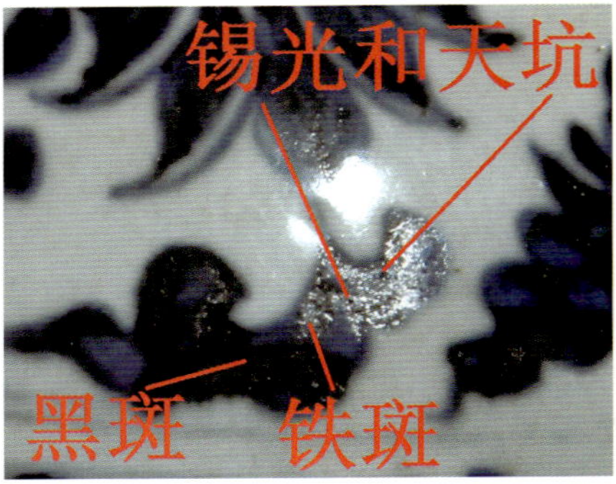

图8-8　三顾茅庐梅瓶(局部)

图8-9　三顾茅庐梅瓶(局部)

图8-10 三顾茅庐梅瓶(局部)

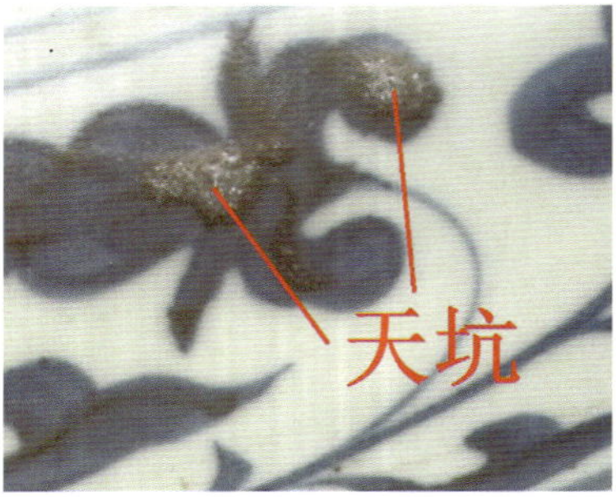

图8-11　伊朗青花波涛龙纹盘(局部)

图8-12　青花缠枝牡丹纹兽耳盖罐(局部)

县博物馆藏梅瓶上有“铁斑”、“锡光”和“天坑”的特征，图8-8、图8-9、图8-10的三顾茅庐梅瓶上也有这些特征，而图8-11伊朗青花波涛龙纹盘的“铁斑”、“锡光”和“天坑”更是令人惊奇，这些图片足以把这三个特征明白无误地显示出来。如果读者能够亲手抚摸瓷器上的这些特征，你就会发现，这些地方都呈突起状，即使在釉面上也能明显地感觉它的存在。这种手感是解读这些特征和鉴定元青花瓷器必不可少的一种途径。

在上述图中，已经看到了“天坑”，所谓“天坑”，它是苏来麻尼青花料所形成的瓷器釉面下的缺陷，它介于胎、釉之间，用手抚之，能明显感到这种缺陷能使釉面微微突起，但却没有破坏釉面的光滑，釉面的玻质层仍然完整如故，仿佛一座火山隆起在釉面下苏来麻尼料集中之处，但在“天坑”中心，却能看到地陷的现象。这种特殊的现象，是高铁低锰钴料所产生的特有现象，它不仅和钴料的成分有关，和钴料的分布和颗粒大小有关，也和烧制时的温度和升温速度有关。因此，没有了苏来麻尼料，也就不能烧制出这种特征的瓷器，再仿，也只是一种“山寨”行为，只能“打打酱油”而已。

元青花瓷器上还有一个特征，它就是“下凹”，它从字面上看，就是瓷器表面有凹下去的地方，但它不是“天坑”这种铁斑隆起中心的凹下，而是如图8-12安徽青花缠枝牡丹纹兽耳盖罐上所示的那样“下凹”，即没有隆起只有青花深处出现的凹下。当然“下凹”的大小、范围和形状，也应仔细观察和揣摩。

对于元青花瓷器上的各种呈色特征，许多研究者都作了表述，有的或许还成为某些专家的不传之秘，仅仅在少数人之间传授。这些呈色特征，有的命名已经统一，比如黑斑、铁斑和锡光等；有的开始被逐渐接受，比如天坑；有的还处在不同的表述之中，比如一直被视作不传之秘的“丝瓜筋”特征。“丝瓜筋”特征是我们对元青花瓷器上某一特征的沪语表述，实际上它表述的是“铁斑”泛出的“锡光”在元青花瓷器上的分布形态。它并非十分深奥，只要认真上手看过出土或土耳其和伊朗传世的元青花瓷器，一般都能发现这个特征，只不过是能否用大家接受的语言表述而已，在民间的研究者中这种特征早已不是什么秘密。图8-13就是典型的元青花瓷器上的“丝瓜筋”现象。为了让读者清楚地看清这类特征，我们把图放大，其“黑斑”上的“锡光”尤如丝瓜晒干后的状况。丝瓜筋在北方被称为“丝瓜瓤”，苏州王勇先生就对这个特征有很深的研究。不管是“丝瓜筋”还是“丝瓜

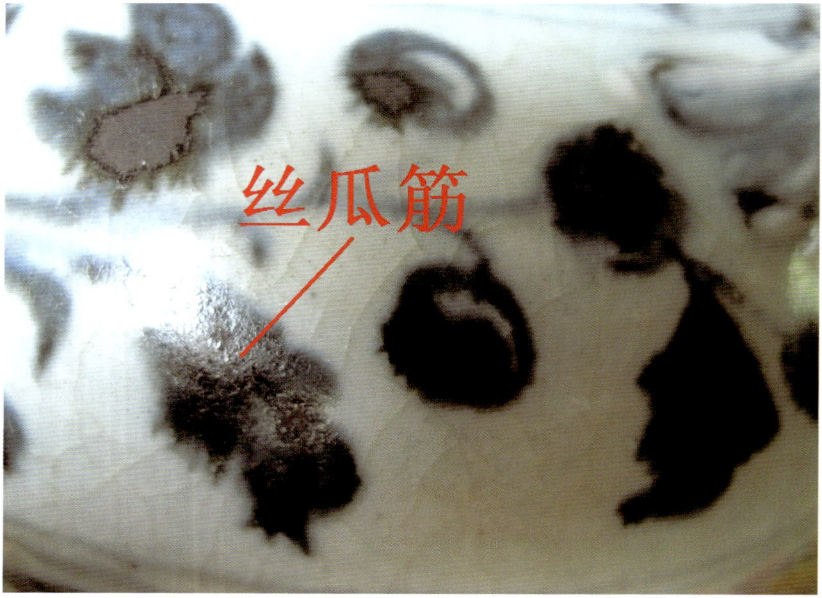

图8-13　元青花瓷器上的“丝瓜筋”特征(局部)

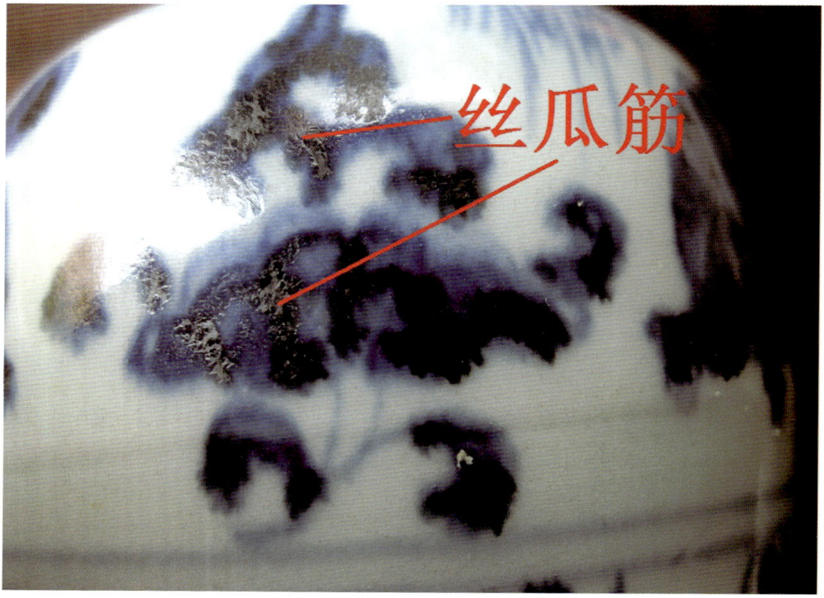

图8-14　元青花瓷器上的“丝瓜筋”特征(局部)

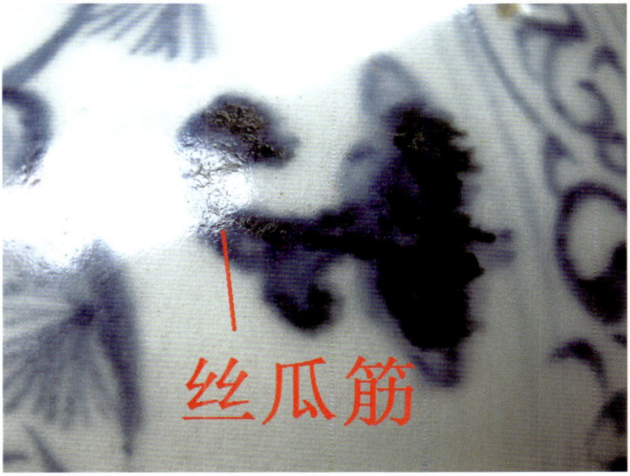

图8-15　元青花瓷器上的“丝瓜筋”特征(局部)

瓤”，实际表述的是同一个特征，许明先生把它称之为元青花瓷器上特有的“炸”现象（图8-14、图8-15）。读者可以仔细揣摩其中的奥秘。

有的学者认为，凡是有“丝瓜筋”特征的元青花瓷器一定是真的，这或许有一定的道理，但我们还是认为，用这样的表述可能更为恰当：有“丝瓜筋”特征的元青花瓷器其真实性更为可靠。因为，没有“丝瓜筋”特征的元青花瓷器不一定就是现代的仿品。

以上所述的这些特征，不是靠看几张图片就能完全把握的，需要观察大量的实物，反复领会才能融会贯通。阅读博物馆的展出是一个十分重要或者说必不可少的过程，最好能够亲自动手抚摸这些瓷器。读者虽然还可以在本书提供的众多图片中一一发现这些特征，但这是不够的。有兴趣的读者也可以参阅拙作《元代青花瓷器的呈色奥秘》一书，上面不仅有这些特征的详细介绍，更有这些特征形成机理的物化分析，况且图文并茂。

这里，我们还要说明的是，元青花瓷器的鉴定，不是光凭某一点就能作出明白无误的判断，它一定是个综合的分析过程。但还是有读者仅凭元青花瓷器呈色特点，就作出了元青花瓷器的真伪判断，这是不全面的，我们要强调的是，鉴定元青花瓷器不是看一眼就能定真假的把戏。

九 元青花海捞瓷的解读

海底下出水了元代青花瓷器，它们为元青花瓷器的研究提供了更多更好的实物，据《海南日报》2010年6月7日报道：2010年5月，中国水下考古队在西沙群岛永乐环礁调查，发现了一处元青花沉船遗址，出水了180件珍贵的元青花瓷片。这是中国水下考古22年来，首次发现的元青花。遗憾的是，发现的元青花遗址明显已经被人盗捞。

从这段报道可以读出以下信息：

第一，元青花瓷器的数量将大大超过有些人经常要做的数字评估。这里出水的是180件元青花瓷片，当然这些瓷片有可能是同一瓷器的遗物，但不排斥这些瓷片来自不同的瓷器，也就是说，水下完全可能沉有更多的元青花瓷器（图9-1）。

图9-1　出水的元青花瓷器（局部）

第二，这次发现的都是瓷片，没有整器。瓷片不可能出口，它一定是沉船后破碎的结果，整器那里去了？报道说有盗捞的痕迹，也就是说，元青花整器完全可能被盗捞走了！这种海捞的元青花整器被盗捞后，一定会出现在各地的文物市场上，它们或者被国内的有识之士善意收藏，或者被一些无知之徒认作赝品而出走海外。这里要说明的是，国内极有一些宵小之徒，故意将各地文物市场上的这类出水的元青花瓷器说成赝品，以满足海外某些利益集团对中国文物的觊觎之心。我们反对一切盗墓和盗捞行为，对一切盗捞古代沉船的非法行为，有关部门应该担负起必要的职责予以打击。问题是，一旦在市场上出现了已经被非法出土和出水的古代文物时，不仅政府相关部门有责任抢救这类文物，一切爱国的中华儿女都有责任保护古代文物不让其流出国外。

第三，这是首次发现的海捞的元青花瓷片，这并不等于过去没有被渔民发现过类似的瓷器，当渔民们无意之中打捞上这些元代的青花瓷器或者其他瓷器时（图9-2、图9-3），如是瓷片（图9-4），很有可能被重新扔进海里；如是整器，或者带回家中作为日用器皿使用，或者卖出以贴补家用。我们很难用法律规范渔民的这类行为，有关部门要做的工作恐怕就是把渔民家中的这类古代器物征购而已。

科学打捞的元青花瓷器，可以使收藏界对这个时期的瓷器器型、纹饰和底足有一个清楚的认识。这是一件打捞出水的元青花盘（图9-5），它大小在25厘米左右，圆口，盘壁绘缠枝牡丹，盘心绘双凤纹。从这件元青花盘上的凤纹可以看出是典型的三个尾巴的画法（图9-6），盘上的牡丹纹叶子为元代的葫芦叶画法（图9-7），盘口有裂纹，而盘上的开片，亦有可能并非开窑时的杰作。这件元青花盘的底足（图9-8），从圈足的外壁看，这件瓷器应该

图9-2　渔民的海捞元青花瓷器（局部）

图9-3　渔民的元青花釉里红高足杯

图9-4 海捞的元青花瓷片（局部）

图9-5 打捞出水的元青花盘

图9-6 元青花盘上的凤纹（局部）

图9-7 元青花盘上的牡丹纹（局部）

图9-8 元青花盘的底足

是元末的东西。应当说明的是，这些瓷器因为在水下长时期浸泡，有的釉面依然晶莹，更多的却是釉面受到不同程度的腐蚀。因此，以这样的釉面来判定自身的真伪或者其他元青花瓷器的真伪，需要采取慎重的态度。

上面的图片，有的是藏家的收藏，有的是水下考古所摄，前者有人要怀疑，后者普通民众不容易看到实物，好在上海博物馆的元代青花瓷器大展中有一些海捞的元青花瓷片和实物（图9-9至图9-16），便于我们的研究和解读。展出的说明是“西沙群岛海域出水，中国国家博物馆水下考古中心、海南省文物局提供”。由图可知，这些都是日常用品的元青花瓷器的残件，主要是碗，还有高足杯和玉壶春瓶。这就更证实了我们

图9-9　海捞元青花池塘鸳鸯纹瓷片

图9-10　海捞元青花池塘纹瓷片

图9-11　海捞元青花莲瓣纹瓷片

图9-12　海捞元青花莲瓣纹瓷片

图9-13　海捞元青花卷草纹玉壶春瓶瓷片

图9-14　海捞元青花菊花纹碗瓷片

图9-15　海捞元青花瓷片上的文字

图9-16　海捞元青花高足杯瓷片

图-17　海捞元青花碗心中的纹饰

在前文中的分析，有许多元青花是作为一般商品供日常使用的。在这些瓷片的纹饰中，有常见的荷塘莲花或荷塘莲花鸳鸯纹，辅助纹饰也是常见的莲瓣纹，而在日用瓷器上出现了“寿”字，更说明元青花瓷器上出现文字款并不值得大惊小怪。应当指出的是，这里列出的瓷片都出自于西沙海域，都在珊瑚礁地区，因而表面都沾有珊瑚沙，不能把它作为唯一的海捞瓷的标准。海域辽阔，海底情况错综复杂，珊瑚沙、黄沙、白沙和海泥，以及海生物的附着，会使海捞瓷器的皮壳产生复杂的变化，读者可参见拙作《海捞瓷的收藏和鉴赏》。①

细心的读者一定会发现，上海博物馆的元青花瓷器大展中其实还展出了完整的海捞元青花瓷器，只不过没有注明而已。这次展出的完整的海捞

图9-18　完整的海捞元青花瓷器

瓷器，集中在一个展柜中，一共7件，都是一些日常使用的器皿，其器型、纹饰特别是青花的发色都和西沙出水的相似（图9-18），据说是上海博物馆征集于印度尼西亚民间（图9-19、图9-20、图9-21、图9-22）。这里，请注意图9-17和图9-22，前者是瓷器残片，后者是完整的元青花碗，它们的碗心纹饰

图9-19　海捞的元青花碗

图9-20　海捞的元青花葫芦瓶

图9-21　海捞的元青花碗

如出一辙。西沙海域和印度尼西亚海域虽然相隔千里，但出水的瓷器的纹饰居然一样，分明是一个师傅所绘。再看看图9-14和图9-21，两个碗的外壁所绘的菊花纹也几乎一样。这些事实告诉我们，在元代，青花瓷器的生产已经颇具规模，是大批量生产的商业瓷器，出口瓷器中不仅有作为高档礼品的陈设瓷，更有作为日常用品的普通瓷。认识到这个事实，对于认识元青花瓷器的数量和实际应有的价格，都会有极大的帮助。

图9-22　海捞的元青花碗心

我们还可以在上博展的元青花瓷器中找到更多的海捞瓷，读者可以在本书前面的元青花瓷器中仔细观看，一些征集于国外或国外的藏品中，实际上都可能是海捞的瓷器，只不过清洗干净不予说明而已。

可以这样说，海捞元青花瓷器的出现，将会回答许多元青花瓷器的奥秘，将会大大增加元青花瓷器的数量，增加元青花瓷器的器物！

①陈逸民、陈莺：《海捞瓷的收藏和鉴赏》，上海大学出版社2013年版。

十　元青花修补瓷的解读

元青花修补瓷器的解读，是元青花瓷器正本清源的一个重要认识，如果不对修补瓷器有一个正解的认识，就可能作出错误的判断。因为修补后的元青花瓷器，往往是作为科学发掘或者博物馆认可的馆藏真品陈列在博物馆的展厅中，它们如果不作修补的说明，很可能使观众误以为这种瓷器的方方面面，特别是它们的青花发色是真正的元青花瓷器的特征，如果以它们为标准，将会得出错误的结论。

先比较下面两件元青花瓷器。一件是我们前面已经介绍过的元青花凤首纹扁壶（图10-1、图10-2），在上海博物馆展出时虽然注明为新疆霍城县出土，实际上是一件征集品，但它保持着其原始状态，呈现的是元青花呈色的最本质特征。另一件青花凤首纹扁壶是1974年北京旧鼓楼大街元代窖藏出土的科学发掘品（图10-3、图10-4）。按理说，北京那件青花扁壶因为是科学发掘，应该更能反映元青花瓷器的特征，但是把这两件瓷器的两个面作一比较，就会明白，新疆的那件才真正具有元青花苏来麻尼料的呈色特征。由图可知，新疆那件扁壶画面洒脱，而北京那件线条僵硬。最明显的是，新疆那件苏料特征明显，“黑斑”、“串珠状凝聚”等特征尽显图中，而北京那件青花发色呆板，颜色划一，不具备苏来麻尼料特征。其原因是后者出土时已经碎成数块，拼结后重新绘色，尽管是业内高手修复，但毕竟和古人的呈色不可同日而语，画不出时代特征，再加上苏来麻尼料已经消

图10-1　新疆霍城县出土的元青花凤首纹扁壶

图10-2　新疆霍城县出土的元青花凤首纹扁壶另一面

耗殆尽，就不可能达到真正苏料元青花的呈色特征。这就是修补瓷器的悲哀！修补的出土瓷器还有部分残件可作参照和拼结，它们尚且达不到真正元青花的水准，更何况现在的仿品，任何把现在仿品鼓吹得如何神奇的说

图10-3　北京旧鼓楼大街元代窖藏出土的元青花凤首纹扁壶

图10-4　北京旧鼓楼大街元代窖藏出土的元青花凤首纹扁壶另一面

法，显然只能蒙一些对元青花瓷器一知半解的好奇者，而不能真正达到元青花瓷器特有的境界。为了让读者作出更为明显的对比，请看图10-5和图10-6，上面的呈色特征，足以让两者的差距表露无遗。

上海博物馆没有把这件出土的青花扁壶请到上海展出，恐怕就是因为

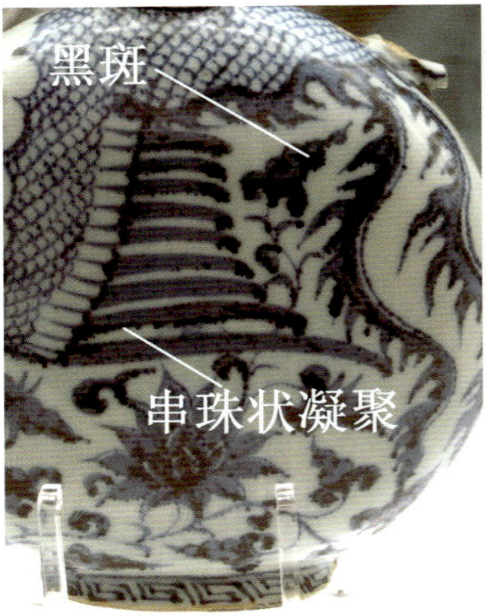

图10-5　新疆霍城县出土的元青花凤首纹扁壶(局部)

图10-6　北京旧鼓楼大街元代窖藏出土的元青花凤首纹扁壶(局部)

其艺术魅力不及新疆霍城县征集的那件同类扁壶。这两件元青花瓷器在相距遥远的地点现身，本身也说明了这类器型的瓷器在当时生产的批量应该相当可观，在未来的日子里还有可能再现世间。

破碎的元青花瓷器，因为珍贵，所有者往往都喜欢把它重新拼结以追求完整，因此它不仅造成了这门手艺即古陶瓷修复工艺的商业化，一件被认可的残破元青花瓷器，其修复的价位甚至达到惊人的天文数字，也使拥有这门手艺的高手十分抢手。时间一长，元青花瓷器的高价位自然而然成为一个约定俗成的共识，谁要推翻这个共识，谁就可能在业内站不住脚。只要看看这次上博展中好几件修复的元青花瓷器，它们都登堂入室在展厅中显要的位置展示自己，就可以知道元青花价位的居高不下是十分自然的事情了。

还能找到这些破碎后拼结的元青花瓷器吗?

有!

日本出光美术馆送展上海博物馆的一件元青花昭君出塞图盖罐，就是破碎后重新拼结的瓷器，不要说它的罐身，就是盖钮也是新做的(图10-7)。从图上可以看出，新做的盖钮上的青花呈色没有苏料的特征，而盖

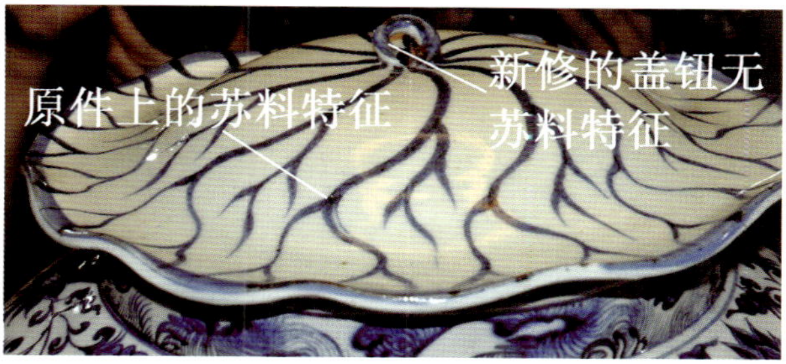

图10-7　日本出光美术馆元青花大罐的盖(局部)

上残件上的画的叶脉却带有典型的苏料呈色特征。因此，在观赏馆藏的元青花瓷器时，也不应盲从，而应该仔细了解这些展品的来龙去脉，这样才不至于被看到的现象所误导。

图10-8　青花莲池鸳鸯纹套盒

破碎后拼结的元青花瓷器其实不少，印尼征集的青花莲池鸳鸯纹套盒就是一件修补后的展品(图10-8)，其盖因缺损较多而修补处明显，而器身也是修补拼结，好在修补后没有再绘纹饰，因而它的青花呈色还保留原先的特征。

有一件元青花大罐，我们一直纳闷，搞不清它的来龙去脉，这就是首都博物馆收藏的一件元青花昭君出塞图盖罐，它和日本出光美术馆收藏的那件拼结的青花昭君出塞图大罐仿佛是姐妹器物，只是一个有盖，一个无盖而已(图10-9、图10-10)。日本的那件我们是在上海博物馆看到它的倩影，首都博物馆的那件是在安徽省博物馆五十周年庆时看到它的芳容。令人奇怪的是，在过往的首都博物馆的瓷器展中却没有看到这件昭君出塞图盖罐，而在首都博物馆举行的“青花的记忆——元代青花瓷文化展”中也没有看到它的影子，上海博物馆的元代青花瓷器大展中也没有它的身影。笔者曾经在2009年6月30日的“西高第里”博客中写下了一篇博文，题目是：“首博元青花展的一个疑问”，内容如下：

图10-9　日本出光美术馆藏元青花昭君出塞图盖罐

图10-10　首都博物馆藏元青花昭君出塞图盖罐

首都博物馆元青花展，对于我们了解元青花有很大的帮助，在观赏了73件元青花后，我们发现了一个疑问。首博这次元青花展，只有三件大罐，一为辽宁省博物馆藏的青花开光松竹梅纹八棱罐，二为山西省博物院藏的青花缠枝牡丹纹罐，三为天津高博物馆藏的青花缠枝牡丹纹兽耳罐。这三件元青花罐，全部是征集品，国内唯一的出土大罐（备注：国内出土的大罐应有多件），即河北省保定出土的元青花釉里红镂雕盖罐，因在故宫展出而没有移展首博。问题是首博也有一件化巨资从国外购回的元青花青花昭君出塞大罐，此罐曾因安徽省博物馆五十周年大庆而借展于安徽省博物馆，明确表明此罐为首都博物馆收藏。当首博举行元青花大展时，安徽省博物馆的好几件藏品都移展于首都博物馆，而首博自己收藏的这件大罐却不见踪影，实在耐人寻味！现把这件元青花昭君出塞大罐发图于下，供网友们观赏。谁能解开这个谜？

数年之后，这个谜还是不能解开。那么把出光美术馆和首都博物馆各自收藏的两件同样题材的元青花大罐作一比较又会如何呢？我们挑选了这两件罐上相似的昭君特写进行对比研究，从图10-11上可以清楚地看出，日本出光美术馆盖罐上的昭君，瓜子脸，杏眼，樱桃口，为典型的中国古代仕女形象；而图10-12上的昭君，浓眉、大眼、弯鼻和阔口，是典型的现代人欣赏的美女，两者不同的时代特征在画上一览无余。

再看左右两位胡女，出光罐画得左顾右盼，欣赏和羡慕中暗含监视；而首博罐却画得神情呆滞。两者高下也是普通人都能看出的端倪。

首博收藏的这件昭君出塞图大罐在安徽省博物馆展出时并没有说明出土的情况，按一般规律它应该是一件征集品，不知它来自何处？这样的一件所谓的元青花大罐，是值得每一个对元青花有兴趣的人士都应该深思的藏品。

图10-11　日本出光美术馆藏盖罐上的昭君图（局部）

图10-12　首都博物馆藏大罐上的昭君图（局部）

图10-13是一件伊朗博物馆藏孔雀纹罐，它也已经残损（图10-14），但其表面修补的痕迹不太明显，可能与它破损后没有完全脱开有关。图10-15是一件修补后的北京西城后英房出土的元青花瓷器，它因破损严重，拼结后重新绘图，因此它的发色和元青花瓷器明显不同。

关注和研究修

图10-13 伊朗博物馆藏孔雀纹罐

图10-14 伊朗博物馆藏孔雀纹罐(局部)

复的元青花瓷器，也许比关注和研究完整的元青花瓷器更有意义。不管是水平多高的专家，他毕竟是现代的高手，而非古代的高手，两者各自身上的时代烙印，一定会在制作过程中留下痕迹。当把两个不同时代的材料、技法和图案拼结在一起时，它们不可能做到天衣无缝，而能发现并指出这种时代差异，将会对判断元青花瓷器的真伪起到事半功倍的效果，元青花瓷器的鉴定高手也许就在这种对修复件的研究中逐步形成。

图10-15 修补后的北京西城后英房出土的元青花瓷器

十一 元青花瓷器器型的解读

讨论元青花瓷器的器型，当然从现有已经发现的器型着手，但是，也不能一味从现有的器型来判断民间收藏元青花瓷器的真伪。因为，出土的元青花瓷器和馆藏的新发现的元青花瓷器的器型在不断增加之中，所以说，仅仅以元青花瓷器的器型一个方面来作出真伪的鉴定，恐怕并不能反映事物的真相。正确的思考方式应该是，既要尊重现有公认元青花瓷器的器型，又不要被这些器型所完全左右，只要其他特征和元青花瓷器相吻合，就不要轻易否定新发现的器型。

为了全面了解元青花瓷器的器型，笔者把本书所提供的232件元青花瓷器的器型进行分类（表11-1），共有30种，这可能已经包括了元青花瓷器的大部分器型，但绝不会是元青花瓷器器型的全部。

表11-1　元青花瓷器器型分类表

序号	器型	数量	占比（%）
1	笔架	1	0.43%
2	扁方壶	3	1.29%
3	扁执壶	2	0.86%
4	钵	1	0.43%
5	大罐	34	14.66%
6	大盘	33	14.22%
7	带座器	7	3.02%

（续表）

8	鼎	1	0.43%
9	盖盒	3	1.29%
10	高足杯	16	6.90%
11	高足	3	1.29%
12	觚	4	1.72%
13	谷仓	1	0.43%
14	葫芦瓶	1	0.43%
15	火照	3	1.29%
16	炉	3	1.29%
17	梅瓶	25	10.78%
18	蒙古包	1	0.43%
19	器座	2	0.86%
20	蒜头瓶	2	0.86%
21	套盒	1	0.43%
22	碗	14	6.03%
23	小罐	8	3.45%
24	匜	8	3.45%
25	异形瓶	7	3.02%
26	玉壶春瓶	22	9.48%
27	盏、盏托	3	1.29%
28	执壶	9	3.88%
29	中小盖罐	4	1.72%
30	中小盘	10	4.31%
		232	100%

从表可知，现存的元青花瓷器中，最多的四类器型是大罐、大盘、梅瓶和玉壶春瓶。

大罐（图11-1），这是一件在日本拍摄的元青花鱼藻纹罐，它就是上海博物馆曾展出过的日本大阪市立东洋陶瓷美术馆藏青花鱼藻纹罐。

大盘（图11-2），这也是一件在日本拍摄的元青地白花缠枝花卉纹菱口盘，它也曾被借展上海博物馆。

梅瓶（图11-3），这是在南京市博物馆拍摄的，和上海博物馆展出时因光线不同视觉效果也不一样。

玉壶春瓶（图11-4）。这是在首都博物馆展出时拍摄的湖南省博物馆藏的蒙恬将军图玉壶春瓶。应当指出的是，在首都博物馆展出时，它被指明

图11-1　元青花鱼藻纹罐

图11-2　元青地白花缠枝花卉纹菱口盘

图11-3　南京出土的元青花梅瓶

图11-4　湖南常德出土的元青花蒙恬将军图玉壶春瓶

为“1956年湖南省常德市近郊出土”，在上海博物馆展出时，说明为“湖南省常德市桃源县出土”。也有资料说这件玉壶春瓶是征集而来，因没有查到出处，笔者也不能盲从，但从它的展出说明比较含糊来看，也有这种可能。我们希望元青花的研究要有一个严肃和严谨的态度。

大罐现有34件，占统计总数的14.66%；大盘33件，占14.22%；梅瓶现存25件，占统计总数的10.78%；玉壶春瓶为22件，占统计总数的9.48%。上面四类器型各自占本书统计的元青花瓷器的10%左右或以上，而这四类器型又占了统计数的40%以上。这个客观数字，揭示了以下两个事实，即这四类器型是元代当时生产的最多的器型，同时这也是我们现在可能找到的最多的元青花瓷器器型。

大罐生产得多，是完全可以理解的，因为它既是陈设瓷，更是日用瓷。

大罐的容量大，用来存放物品，也许是它最初的用途。大罐不仅可以用来装酒等液体，也可以用来装其他杂物，那件出名的元青花鬼谷子下山图罐据说被拍卖公司发现时就是被主人用来置放碟片的。不管这是真实的情况还是编出来的故事，它本身就说明这样一个不争的事实，大罐可以存放东西，是人们对它最原始的认同，而用元代瓷器来装现代碟片，如果是真的，则可以说明主人的无知和发现者的英明，如果是想象的，则也充满着历史和摩登的巧妙创造，对于拍卖来说，这两者都极富创意极有诱惑。

大罐的表面积大，可以绘制各类纹饰，为元代艺术家的创作提供了一个可以发挥的平台，而绘有各种漂亮图案的大罐，也不失为一件艺术品用以陈设。所以在当时，它的需求一定较大，生产量也一定较大，而存世的数量也一定较大，是很正常的事情了。应该说明的是，这类大罐，都是应该带盖的，在漫长的岁月里，盖损坏的几率一定大于罐本身，也是完全可以理解的，所以我们现在看到的往往是不带盖的大罐。

这种不带盖的大罐，也是我们现在最可能碰到的元青花瓷器，也是拍卖公司最多出现的元青花瓷器。

大盘在我们统计中占第二位，在33件大盘中，没有现身这次上海博物馆元青花展的有大英博物馆1件、故宫2件、国博2件、湖南1件、江西景德镇考古所2件、土耳其7件、伊朗6件，上海博物馆元代青花瓷器大展12件，其中英国3件、日本1件、上海博物馆自身1件、伊朗6件和湖南省博物馆1件。限于我们的调查能力，一些国内外的博物馆所收藏的元青花大盘可能尚未统计在内，比如土耳其博物馆的大盘就不止我们统计的数字，也许大盘应该是现存元青花瓷器中最多的一种器型。从以上的统计就可以看出，仅仅伊朗和土耳其两国的不完全数字就已经超出了现存大盘的一半以上，共有19件，占统计数的57.58%。这个事实不得不使人相信，当初，这样的瓷器主要是为了外销而生产的，而这些大盘上也的确绘有带有明显西亚风格的纹饰。同时，从概率上来说，这种元青花大盘也是现存最可能找到的元青花瓷器，也是拍卖公司的常客。

梅瓶和玉壶春瓶都在统计数的10%左右。这类器型都是典型的中国传统器型，它们也都可以当作容器，当然也可以当作陈设瓷。作为容器，装液体似乎是天经地义的，所谓明代讲经时的用具，也说明了这些瓷器的神圣用途。它们也因为体型硕大，作为陈设瓷放在宫殿或者厅堂都能显示主人的高贵身份，集两种用途于一身，其产量之大和销售之广，也就可想而知了。

总之，这四类目前现存最多的元青花瓷器，应该是元代生产最多的元青花瓷器器型，也是我们当代收藏爱好者可能发现和收藏的元青花瓷器器型。

在我们的统计中，高足杯有16件，加上高足碗3件，共19件，占统计数的8.19%，在232件统计的元青花瓷器中名列第五。它们的出土情况和收藏单位列表如下：

表11-2　元青花高足器的收藏

分类	序号	单位	数量
高足杯	1	1998年安徽繁昌新港元镇元代窖藏出土	4
	2	江西萍乡福田乡元代窖藏出土	1
	3	2006年内蒙古包头燕家梁遗址出土	1
	4	内蒙古赤峰博物馆	1
	5	内蒙古翁牛特旗博物馆	1
	6	内蒙古林西县博物馆	3
	7	上海博物馆收藏	1
	8	甘肃武威市元代窖藏出土	1
	9	南京汪兴祖墓出土	1
	10	内蒙古集宁路遗址出土	1
	11	江西高安元代窝藏出土	1
高足碗	1	景德镇考古所	1
	2	新疆伊犁霍城县出土	1
	3	英国牛津大学阿斯莫林博物馆藏	1

事实上，现存的元青花高足杯（图11-5）和高足碗不止我们统计的19件，内蒙古集宁路遗址就出土了5件高足杯，因我们不愿把翻拍的图片列入统计（表11-2），就只能舍弃。同样，高安也出土了10件高足杯，我们也只选用了1件。镇江博物馆也有出土的几件高足杯，加上这些，高足系列的杯和碗仅仅凭我们的简单统计，就应该有35件以上，相信还有没能够统计到的，也就是说，高足系列的元青花器皿，完全可能是目前现存最多的元代青花瓷器。这个

事实说明，在游牧民族占统治地位的时代，他们带给这个国家的主流文化就一定是本民族的文化，那种适应马上生活的用具，也就成为当时十分流行的时尚。事实上，这种高足的器皿，也有它特殊的美感，上宽下细的造型犹如一朵盛开的莲花，故而在一个深受佛教文化影响的民族和国度中，它的受宠也就不奇怪了。

图11-5　南京汪兴祖墓出土高足杯

土耳其和伊朗的传世器中没有发现高足杯这种器型，说明当时这类器型的元青花瓷器并非对西亚地区产生影响，它显然不能适应当地民族的生活习俗。当然不能说现在国外就没有元青花高足杯的存在，在600多年的漫长岁月中，作为艺术品或者投资对象，元青花的各类器型都已经成为东西方收藏界关注的对象，2006年5月德国纳高拍卖公司就在中国预展了上拍的一件青花缠莲纹高足杯，标价为40000至60000欧元。①

在统计的232件元青花瓷器中，日用品占有相当的比例。比如碗14件、中小盘10件、执壶9件、小罐8件、中小盖罐4件等，共有45件，占总数的19.40%。加上扁方壶3件、扁执壶2件、匜8件，共58件，那就占到总数的25%。这还是最常用的民用器皿，加上盏、盏托、套盒、蒜头瓶之类，民用器皿的数量不在少数，事实上，所谓带座的元青花器皿和器座，以及谷仓等冥器，也都是当时的民用品，就这点来说，元青花瓷器目前的存世量已经说明，元代的青花瓷器并不都是只有达官贵人才能拥有的高贵器皿。

不得不提我们的统计中某些只列入一件的元青花瓷器，比如鼎、笔架、套盒甚至蒙古包（图11-6）。这些单个的器皿，揭示了怎样的信息呢？它们往往被忽视，往往单独出土，而它们的出土或者重新发现，往往又是一

图11-6　元青花蒙古包

图11-7　故宫收藏的元青花花卉纹鼎（局部）

件从来没有发现过的新器型。故宫收藏的元青花花卉纹鼎（图11-7），它的青花呈现出明显的苏料特征。而笔架和套盒的出现，让我们认识到类似的文房用品也是元代青花瓷器的器型，而元青花蒙古包的现身，更是让人大

跌眼睛，要不是上海博物馆工作人员的热心，如果类似的器型出现在收藏市场上，不被看作臆想品才怪呢！在一些不严谨的研究者看来，凡是出土或者馆藏没有出现过的器物，一律都是靠不住的仿品或臆造品。这次上海博物馆元青花瓷器大展展出的这件俄罗斯收藏的元青花蒙古包，能否给这些研究者或者说专家启发新的思路，实在还是不能断定的事情。

我们的祖先太伟大，人类的智慧也太伟大，他们创作了许多我们现在看来可能匪夷所思的艺术品，这就要我们严肃认真地对待，没有一个敬畏之心，是不能拜读我们祖先的伟大创造的。把凡是自己没有看到过的东西一律说成仿品，已经成为相当一部分人的思维定势，在这种思维定势下，许多宝贝会被看成现代仿品。因此，在发现没有看到过的器物时，如果其他特征都符合相关的年代特征，我们应该采取谨慎的态度，容后人再深入研究，不要一棍子打死没有看到过的器物。另外也不能绝对地把和标准器不符合的器物说成是仿品。举个不一定恰当的例子，我们人都是两只手，十个手指，如果发现某人的手指不是5个，我们能做出不同的结论吗？

看看这件元青花蒙古包，我们应该在思维方式上有所突破了！

可以这样说，凡是新出土的，并且仅有一件的元青花器皿，往往就是一件新的器型！上海博物馆的元青花大展，给我们看到了不少元青花的新器型！

① NAGEL AUKTIONEN, P38.

十二 元青花瓷器绘画工艺的解读

元青花瓷器的绘画工艺，是研究元青花装饰图案的一个重要内容，它对于元青花瓷器的解读有着十分重要的作用。从散布在全国各地和世界各大博物馆的元青花瓷器来看，“满功”应该是元青花瓷器艺术表现手法的一个基本方式。所谓“满功”，就是在元青花瓷器的器表，画满各种纹饰图案，很少有留白的空处。它和中国传统绘画强调留白有着很大的区别。从本书列出的232件元青花瓷器上可以看到，元青花瓷器上的纹饰，特别是大型器具的器表，一般都绘满了纹饰图案。从20世纪50年代萧何月下追韩信图梅瓶的出土，到江西高安出土的19件元青花瓷器，特别是2007年伊朗送到开封展出的三件元青花瓷器上（图12-1、图12-2、图12-3），国内的研究者对这种装饰手法有了比较直观的认识。这种繁而不乱、密而不杂的装饰风格，给人以强烈的视觉冲击，是元青花瓷器和其他年代瓷器的一个典型区别。

当然，不能一概而论地认为，所有的元青花瓷器都是这种满功的装饰风格。少数特别是一些器型不大的元青花瓷器，它们的装饰手法还不完全类同于这种风格。如图12-4上海博物馆征集的元青花小罐和图12-5高安出土的元青花梅瓶，它们的器表纹饰，疏密得当，有较大的留白空间。

在“满功”的元青花瓷器中，表现最为强烈的是大盘。在安徽省博物馆、首都博物馆和上海博物馆的元青花瓷器展出中都能对这种大盘的装饰产生强烈的感受。这种绘满器表的的图案是用什么绘画工艺绘制的呢？解

图12-1　伊朗藏元青花扁壶

图12-2　伊朗藏元青花梅瓶

图12-3　伊朗藏元青花大盘

图12-4 上海博物馆征集的元青花小罐

图12-5 高安出土的元青花梅瓶

读元青花瓷器大盘，可以明确看到，内外壁的绘画工艺有着明显的不同。盘外壁全部是一种绘画工艺，即都采用白地青花的工艺来绘制图案；而盘内壁则采用多种工艺来绘制纹饰图案，它们是：白地青花、蓝地白花、白地青花和蓝地白花相结合以及上述工艺和宋代流行的印花工艺相结合。

“天青色等烟雨，而我在等你，月色被打捞起，云开了结局，如传世的青花瓷，自顾自美丽。”这是周杰伦那首脍炙人口的《青花瓷》，唱出了青花瓷万般宠爱集一身的韵味。青花瓷从元代开始，一跃登上中国传统瓷器的舞台，从此成为中国瓷器的主角，任何一种其他品种瓷器都不可能和它匹敌。国人对青花瓷的这种文化认同，应该是青花瓷这种白地蓝花的装饰风格和传统的天人合一思想的高度一致的结果。

白色，是天空的色彩，白色为底色，是浩瀚长天的象征。蓝色是世间的万物，充满生机充满活力。这种白与蓝的结合，既迎合了草原民族对长生天的崇拜，又体现了中华民族崇尚天青色的民族心理，当这两种文化因子在

蒙元时代相互碰撞交叉结合，就使白地蓝花的装饰工艺应运而生，创造出一件又一件精彩绝伦的元代青花瓷器。用青花绘制的花卉植物、水禽瑞兽特别是英雄豪杰，将这些世间万物衬托在长生天下，就成为元代青花瓷器绘制工艺的主流，即使以蓝地白花即俗称的“反青花”工艺来创作瓷器的纹饰图案时，其器外壁还依然是白地青花工艺绘制的花卉纹饰。在世界各地展出的元青花瓷器中，首先映入眼帘的一定是白地青花工艺创作的青花图案。

当元青花瓷器的纹饰图案确立了白地青花的基本工艺后，独具天分的元代陶瓷艺人并不是一成不变地把这种绘画工艺机械地运用于元青花瓷器的创作中，他们创造性地运用钴料的呈色作用，把白地蓝花发展成蓝地白花，也就是俗称的“反青花”工艺，使得瓷器的图案更加艳丽。同时，他们还把这两种绘画工艺运用在同一瓷器上，甚至还结合了印花工艺，这种把不同绘画工艺相互融合运用的手法，使得元青花瓷器的艺术表现更具张力。多种绘画工艺结合的表现技法，多数出现在元青花大型器物上，特别是出现在元青花瓷器的大盘或大盆中。

在书中收录的33件元青花大盘和大盆中，以绘画工艺作分类，其中采用白地青花工艺的有16件，占48.48%；采用蓝地白花工艺的有2件，占6.06%；采用白地青花和蓝地白花工艺相结合的有11件，占33.33%；而把这两种工艺和印花工艺结合起来的有4件，占12.12%。

令人奇怪的是，除了故宫博物院收藏的元青花飞凤麒麟纹盘和上海博物馆收藏的青花蕉叶瓜果竹石印花缠枝牡丹纹菱口盘采用青花和反青花两种或多种工艺结合的绘画技法外，其他的这类工艺画法的大盘几乎都在国外。在已经拍摄的土耳其馆藏的7件大盘中，有4件为青花和反青花结合的工艺绘制的图案；在伊朗馆藏的被拍摄的12件大盘中，除了1件为蓝地白花的龙纹盘外，其中6件是两种工艺结合的器物。显然这种多种绘画工艺结合在一起创作的元青花瓷器更被国外市场看好，当时它主要是面向中东市场而运往波斯和阿拉伯地区。上海博物馆元青花瓷器大展中的伊朗藏元青花大盘上的莲花纹饰（图12-6），和伊朗清真寺广场上放置的大碗上的莲花纹饰有相似之处（图12-7），把这种带有明显波斯风格的纹饰装饰在元青花大盘上，必然和放置在清真寺广场上的石刻大碗互为呼应，相得益彰，是最理想的日用品或者陈设品。

枯燥的数据统计所反映的艺术创作的内在动因，有利于解读元青花瓷器的种种谜团。这种艺术追求适应市场需求的行为，或者说艺术创作的内在动力来自于社会物质和文化需求，是古今中外艺术家成功的一个基本要素。因此，在解读陈列在我们面前的元青花瓷器时，是不能敷衍了事的。

图12-6　伊朗元青花大盘上的莲花纹饰（局部）

图12-7　伊朗清真寺广场上放置的石刻大碗上的莲花纹饰（局部）

图12-8　伊朗国家博物馆藏元青花大盘

图12-9　日本大阪东洋美术馆藏元青花大盘

伊朗国家博物馆藏元青花大盘（图12-8）和日本大阪东洋美术馆藏元青花大盘（图12-9），如果简单地认为就是采用一种工艺，即蓝地白花工艺绘制的元代青花瓷器，显然是低估了元代陶瓷艺人的创作才能，而且也不利于正确认识这类大盘的艺术成就。很明显，这样的大盘完全是青花工艺和反青花工艺的结合，它们从盘沿到盘心的四层纹饰依次为青花、反青花、青花和反青花工艺。这种不同工艺交替使用的创作技法，使繁密的元青花图案层次分明，图案清晰，不会使人对图案产生杂乱无章的感觉。同时，我们还应注意，凡是四层纹饰相间使用不同绘画工艺的元青花大盘，盘沿一般都是采用青花工艺，而盘心的主要图案则用反青花工艺，这种规律也许可以作为我们鉴别元青花瓷器的一种可以参考的依据。

或者细心的读者会说，在上海博物馆展出的元青花大盘中，盘沿有反青花工艺绘制的图案，如英国维多利亚与阿尔伯特博物馆藏蓝地白花如意花卉纹盘（图12-10）和上海博物馆藏青花瓜果竹石印花缠枝牡丹纹

图12-10　英国维多利亚与阿尔伯特博物馆藏蓝地白花如意花卉纹盘

图12-11　上海博物馆藏青花瓜果竹石印花缠枝牡丹纹菱口盘

菱口盘（图12-11），这两件大盘的盘沿都是反青花工艺绘制的图案。不错，它们的盘沿的确是蓝地白花，但它们不是四层相间的纹饰，都是三层纹饰或者干脆就是一种反青花的工艺。上海博物馆藏青花瓜果竹石印花缠枝牡丹纹菱口盘是三种工艺结合绘制的图案，从盘沿到盘心依次为缠枝花卉、缠枝牡丹纹和瓜果竹石纹，采用的工艺也依次为反青花工艺、反青花和印花工艺的结合、青花工艺。与宋代的印花工艺相结合，使画面给人一种层次饱满、立体感强的观感。无独有偶，伊朗国家博物馆也藏有一件元青花池塘印花牡丹纹菱口盘，它也是这种三层纹饰依次为反青花、反青花和印花的结合直至盘心的青花工艺，所不同的是盘心为池塘纹（图12-12）。总之，元青花瓷器的绘画工艺，不仅有直观的白地青花工艺，还

图12-12　伊朗国家博物馆藏元青花池塘印花牡丹纹菱口盘

有蓝地白花工艺，有两者的结合，更有印花工艺的巧妙运用，从而使得元青花瓷器如此绚丽多彩。读者仔细观赏能见到的元青花瓷器，不仅我们列举的大盘，还有大罐等等器物，都能发现这些绘画工艺甚至更多的工艺特征，如雕花工艺的运用，仅就元青花瓷器的绘画工艺来说，它已经足够研究者忙活一辈子了。

解读元青花瓷器的绘画工艺，不仅在于了解元青花瓷器的纹饰图案的绘制方式，在于寻找这种绘画方式带来的鉴别要素，更在于解读元代陶瓷艺人的创造才华，解读我国古代艺术品的非凡成就，任何低估我国元青花瓷器艺术成就的言行都是对我国古代文明的亵渎。

十三　元青花瓷器纹饰的层次

马未都先生是国内比较有影响的收藏家，他在相关学术刊物上发表的瓷器釉色的美学论文，读来使人耳目一新，可见马先生对瓷器研究的功力。但他对某些器物的判断，却还是值得商榷的，比如关于元青花纹饰层次的判断，马先生就存在着明显的失误。这个失误，因为在某个影响力巨大的传媒上反复播放，因此有必要予以澄清，以免继续误导大众。

元青花瓷器以纹饰繁富密集，层次众多而著称，对于元青花瓷器纹饰的研究，往往也成为判定元青花瓷器真伪的参考依据之一，问题是这些研究应该符合元青花瓷器的客观实际，而不是研究者的主观臆断。否则，容易使真变假或者使假变真。

我们先来看看马未都先生是如何来论述元青花瓷器的纹饰层次的。他说："大部分元青花纹饰的装饰层数非常多，三、四、五、六、八、九、十层都有，但有一个数字一般不出现：七层。原因是什么呢？因为元朝人'重九恶七'。你注意看，元青花九层的纹饰最多，但是不画七层的。现在的人不知道，仿的时候画成七层纹饰。你要是数到七层，这东西百分之九十九不真。元朝人重九恶七，跟忽必烈当时有一个政策有关。忽必烈当时在刑法当中的时候，他采取一种宽容的态度。他就说，天饶他一下，地饶他一下，我饶他一下。比如说，要打50棍，那么就打47。天饶了一下，地饶了一下，忽必烈皇上又饶了一下。那么，就打47棍。有的刑罚要打110棍，还是减三下，变成107

图13-1 元青花玉壶春瓶

棍。所以大家觉得这事不怎么吉利。所以元朝人写汉字'七'的时候，这个弯不是向右拐，都是向左拐的。知道吧？他写这个'七'一定往左拐。这是一些知识。这些知识好像跟它瓷器鉴定不是有直接的关系，但是一旦你掌握的时候，有时候很多问题就迎刃而解。"

这段结论，马未都先生不仅在"百家讲坛"上郑重其事地当作事实向观众宣讲，还写进了他出版的相关书籍中。

我们暂且不讨论元代的法律和政策，也无从知道元代的法律如何和元青花瓷器的纹饰扯上关系，我们只想就事论事地讨论元青花瓷器有没有七层纹饰的问题。我们研究问题的态度不是从书本出发，而是从研究的对象出发，在观察了举世公认的馆藏元青花瓷器后，我们实在不能苟同马未都先生所谓七层纹饰的元青花瓷器为仿品的观点，恐怕这仅仅是马先生个人的判断，而且是个失误的判断。

请看首都博物馆收藏的一件元青花釉里红玉壶春瓶（图13-1），为了阅读方便，我们在这件元青花釉里红玉壶春瓶图上绘制了数字，由此可见，瓶的器表明明白白绘上七层纹饰！马先生为何不到西长安街上的首都博物馆走走，数一数这件元青花釉里红玉壶春瓶的纹饰究竟有几层。

如果把马先生的所谓对元青花瓷器纹饰的认识作为判断元青花真伪的鉴定标准，不知道要误导多少读者，也不知道要毁掉多少古人创造的宝贵财富，在走上"百家讲坛"之前，马先生应该对自己的讲稿作一番认真的梳理，不能想当然地在大众传媒上演讲。想来，马先生一定收藏有不少元青花瓷器，才能通过长期的研究作出自己的结论，但为何不能再走走再看看呢？

我们已经用实例证实了马未都先生所说的“元青花瓷器七层纹饰都是仿品”的结论是错误的，因为他所说的所谓“天宽恕一下，地宽恕一下，我（指忽必烈）宽恕你一下，所以由十变七，因此元青花纹饰没有七层”的结论，当故事听，还马马虎虎，把它当作判定元青花瓷器的标准，实在有点莫名其妙。鉴于马未都先生在读者中的影响力，相当多的电视观众把马未都先生的判断当作鉴定元青花瓷器的标准，这样，十个有十个要犯错误。

在观赏实物以后，我们再来看看众多的学者是如何来阐述这个问题的，来看看马未都先生是在挑战哪些权威。

在上述那件元青花釉里红玉壶春瓶所在的首都博物馆，马希桂先生在《中国青花瓷》一书中的第五节“元青花瓷的装饰手法与纹饰”中说：“元青花瓷纹饰的特点是：大型器物构思严谨，繁富密集，层次多，画面满，一件器物往往多达七八层，但处理得当，主次分明，浑然一体，整个画面并无繁缛、杂乱、堆砌和琐碎之弊，给人以和谐完美、富丽典雅之感。”

作为原首都博物馆的馆长，马希桂先生对元青花纹饰层次的论述是符合我们前面介绍过的实物的，而这件实物就是收藏在首都博物馆中，明明白白地告诉人们，元青花瓷器就是有七层纹饰。

无独有偶，原故宫的孙瀛洲先生对元青花瓷器的纹饰也有相同的见解。他在《谈元明清瓷器鉴定》一文中说：“元青花、釉里红纹饰的特点是层次繁密，其中尤以青花纹饰最为复杂，有的达七八层之多，而每一层各有其独特之点。①”可见，陶瓷界普遍认为元青花有七层纹饰。

我们再引用冯先铭先生的研究，他在论述土耳其和伊朗收藏的元青花瓷器时说：“这两次的藏品中，有不少件大盘，其装饰纹样是非常繁复和规整的，纹饰的层次多到六七层，布局谨严，每件大盘的纹饰都是一幅构图成熟的图案，都可以看出匠师们的艺术修养。”②

在古代陶瓷研究中极有权威的大家都做出了元青花瓷器有七层纹饰的判断。

马未都先生要么没有读过这些著作，要么就是想挑战权威。可惜的是他也没有到首都博物馆实地考察，想当然地在“百家讲坛”栏目作讲座，这样就会误导不少观众。问题是节目还不断重放，让这个错误不断重复，难道多放几遍就可以作为定论吗？

2009年春节，对于喜欢收藏的朋友来说，是读宝的好时光。央视二套播出了寻宝进景德镇的节目。在三件入围的青花瓷中，有一件火候不够的元青花玉壶春瓶，其花纹也是七层纹饰，它被景德镇考古所的研究员江建新断为到代的元青花瓷器。这档节目说目前存世的元青花有五百件，好像比习惯的说法多了二百件。我们不在这里讨论元青花瓷器的存世量，对于这类数字游戏，读者都不能当真，要相信元青花瓷器特有的征状，有一件算一件。

对于我们以首都博物馆的元青花玉壶春瓶作为元青花瓷器存在七层纹饰的依据，有的研究者并不认同，原因是在这件元青花瓷器上，瓶口内口沿上还有一层纹饰，所以有人认为，这件玉壶春瓶应该是八层纹饰。

对于这样的质疑，我们觉得有一定的道理，问题是，在讨论元青花瓷器纹饰的层次时，如何确立一个统一的标准。

我们所指的瓷器纹饰器表的层次，一般都是指瓷器外壁的纹饰，而非底足或者内腔的纹饰和外表纹饰之和，把口沿内壁上的纹饰也算在瓷器外表的纹饰之中，显然和习惯的理解不同。因此，首都博物馆的这件元青花釉里红玉壶春瓶应该是七层纹饰。

退一步说，即使把口沿内壁的纹饰算在器表纹饰之中，按此标准，上面所指的首都博物馆所藏的元青花玉壶春瓶的确不是七层纹饰，而应该是八层纹饰。马未都先生的结论应该是正确的。

那么，按同样的标准，即把口沿内壁的纹饰算在器表纹饰之中，能不能发现七层纹饰的元青花瓷器呢？如果找不到七层纹饰的元青花瓷器，那么应该把马未都先生的结论作为判断元青花瓷器的标准。遗憾的是，按这样的标准，依然可以发现存在着七层纹饰的元青花瓷器。请看一件香港艺术馆收藏的元青花贴龙纹双耳觚，加上口沿内壁的纹饰，它就是七层纹饰（图13-2）。由此可见，不管采用什么标准，只要标准统一，都可以发现元青花瓷器上有七层纹饰。

再来看两件伊朗藏元青花梅瓶，一是借展于开封博物馆的元青花凤鸟牡丹纹梅瓶（图13-3），二是借展于首都博物馆的元青花牡丹纹梅瓶（图13-4）。对于这两件元青花梅瓶上的纹饰，可以采用两个不同的标准，但是不管采用什么标准，非此即彼，都能找到七层纹饰的元青花瓷器。

如果把足部的莲瓣纹当作一层纹饰，那么图13-3的梅瓶就有七层纹饰，如果把足部的莲瓣纹当作两层纹饰，梅瓶就是八层纹饰；如果把足部的莲瓣纹分开当作两层纹饰，那么图13-4的梅瓶就是七层纹饰，否则它就是六层纹饰。由此可见，无论

图13-2　元青花贴龙纹双耳觚

图13-3　元青花凤鸟牡丹纹梅瓶

图13-4　元青花牡丹纹梅瓶

图13-5　元青花莲花纹玉壶春瓶

采用什么标准，只要对于不同的元青花瓷器采用相同的标准去判断。都可以发现元青花瓷器有七层纹饰。

为了让读者进一步理解元青花瓷器纹饰的层次，我们再来看看一些典型的元青花瓷器。图13-5是陈列在湖北省博物馆的元青花莲花纹玉壶春瓶，它是1984年出土于湖北省黄梅县十里村小学的元青花典型器，其表面纹饰从上到下总共七

图13-6 元青花龙纹玉壶春瓶

层纹饰。

再看1985年4月出土于山东省青州市青州粮食中转库铁路西侧元代墓葬的青花龙纹玉壶春瓶，为山东省青州市博物馆藏品，它借展于首都博物馆时，铭牌上明明白白写着："此瓶口沿内绘卷草纹一周，颈部画蕉叶纹、回纹，肩上及近底处饰仰、覆莲瓣纹。腹椭圆，上下绘卷草纹一周，主题纹为云龙纹饰。整体画面层次清楚，全器纹饰上下七层。"（图13-6、图13-7）在这件元青花玉壶春瓶前，还能说元青花没有七层纹饰吗？

事实是最有说服力的！

在元青花瓷器研究中，器表纹饰层次的研究只是一个很小的环节，但是，它却反映一个研究者的学术态度，它来不得半点轻率和骄傲。

元青花瓷器有没有七层纹饰不在于冯先铭先生、孙瀛洲先生和马希桂先生的肯定，也不在于马未都先生的否定，而在于事实。

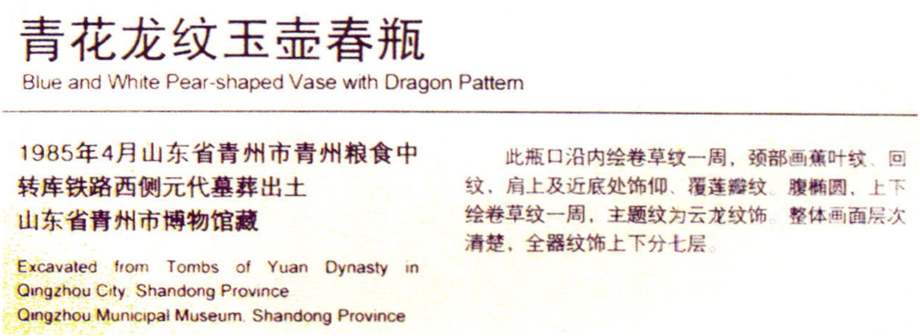
青花龙纹玉壶春瓶

Blue and White Pear-shaped Vase with Dragon Pattern

1985年4月山东省青州市青州粮食中转库铁路西侧元代墓葬出土
山东省青州市博物馆藏

Excavated from Tombs of Yuan Dynasty in Qingzhou City, Shandong Province
Qingzhou Municipal Museum, Shandong Province

此瓶口沿内绘卷草纹一周，颈部画蕉叶纹、回纹，肩上及近底处饰仰、覆莲瓣纹。腹椭圆，上下绘卷草纹一周，主题纹为云龙纹饰。整体画面层次清楚，全器纹饰上下分七层。

图13-7 元青花龙纹玉壶春瓶的铭牌

①孙瀛洲：《孙瀛洲陶瓷研究与鉴定》，紫禁城出版社2008年版，P154。

②冯先铭：《冯先铭谈宋元陶瓷》，紫禁城出版社2009年版，P230。

十四　元青花瓷器纹饰图案的解读

元青花瓷器的纹饰，不仅再现了元代瓷器艺术家的艺术才华，真实地体现了元代社会的艺术取向，更是今人鉴赏元青花瓷器的艺术标尺，读懂读通元青花瓷器的纹饰图案，对于理解元青花瓷器的真伪有着事半功倍的作用。

了解元青花纹饰图案的方方面面，对于我们解读元青花瓷器的真伪，应该有着十分重要的帮助，问题是要全面的理解，而不是半解或者误解这些纹饰图案。前文关于元青花瓷器纹饰层次的讨论就说明了重新解读的必要性。当然，因为是另类解读，我们并不循规蹈矩地把各类元青花瓷器的纹饰一一解读，只就元青花瓷器的一些容易被忽视或者容易误读的纹饰特征展开讨论。

元青花瓷器的器表画满纹饰图案，综观这些图案，它的着笔有一定的先后次序，有序和无序交替，使图案纹饰在规矩中略显奔放，这种自然洒脱的画面，是仿制最难揣摩的境界。

有序和规矩，是指元青花瓷器在绘制图案纹饰时，一般先以辅助纹饰规划整个画面，把器表分成不同的区域，然后再在这些区域中画上构思的图案。伊朗藏元青花梅瓶的纹饰上留下的痕迹就表明了这种分析的合理性，在梅瓶的特写图上箭头所指（图14-1），即牡丹树叶的叶尖压在了弦纹上，我们把它称之为“压线”现象。元青花瓷器的花卉纹饰往往会叠压在弦纹线上，这种现象比较普遍。开封博物馆展出的伊朗藏元青花大盘（图14-2）和扬州博物馆展出的一件元青花大罐（图14-3），也有“压线”现象。

图14-1　元青花梅瓶上的“压线”现象（局部）

这就说明，只要是器型比较大的元青花瓷器，一般都会出现“压线”现象。这种现象揭示了元青花瓷器绘制图案时的先后次序，即先用弦纹或者说线条等辅助纹饰，把整个瓷器的器表分割成大小不等的区域，然后再在这些区域中绘出原先设计的图案。这就是有序和规矩。而当绘制比较繁密的图案纹饰时，元代艺人的创造才能也不完全受到这种规矩的束缚，不受拘束的本性就体现在其绘制的花卉图案上，往往越雷池而压线，使得图案别有一番洒脱和奔放的风味，这是明清官窑瓷器不能企及的自由境界，也是仿品难以达到的艺术高度。仔细观赏元青花瓷器的各类器皿的图案，才能真正领会这种时代特征。

图14-2 元青花大盘上的“压线”现象（局部）

图14-3 元青花大罐上的“压线”现象（局部）

马广彦先生在《元青花常规鉴定浅说》①一文中说：“元青花的纹饰是有时代特征的，例如料无分水，一笔点画；布局繁满，层次较多；竹叶向上，蕉叶实心；龙身如蛇，龙爪如镰；回纹单画，树稍出刺；仰覆莲瓣互不相连，三道弯如意开光等等。这些特征在有关元青花的名著如叶佩兰的《元代瓷器》、朱裕平的《元代青花瓷》中均有叙述。”马先生的观点简练地描绘了元青花瓷器的纹饰特征，又因为发表在《收藏》杂志上，故而影响较大，但其中有的论断和元青花瓷器的实际不符，或者掌握的实物资料并不充分，有的也和所引书籍的原意并不吻合，或者是从书本到书本的判断，因此有必要作些不同的探讨。

下面就元青花瓷器中经常出现的纹饰作些必要的解读。

1.关于莲瓣纹

莲瓣纹是元青花瓷器最常见的辅助纹饰，它一般绘在器物的下部，比如梅瓶和大罐近底足处（图14-4），少数也有绘在肩部，一般出现在大罐和梅瓶这类器物的肩部（图14-5），也有绘制在玉壶春瓶的颈部（图14-6）。但一些小型的元青花瓷器也有以莲瓣纹作为主要纹饰绘制在瓷器器表的主要部位，如国家博物馆展出的元青花束莲卷草纹匜（图14-7）所示，而在故宫博物院和江西等地收藏的元青花匜中，都是以莲瓣纹作为器物外壁主要的纹饰。

莲瓣纹分为折角和圆角两种，由内外两框组成，外框粗内框细。读者自可在上述图案中寻找这两种不同转角的莲瓣纹。折角的莲瓣纹往往浓笔重彩（图14-8），圆角的莲瓣纹相对而言比较淡雅（图14-9），这可能和这两种莲瓣纹在绘画时的用笔方式不同造成的影响有关，折角莲瓣纹横竖笔划分几笔绘成，着墨较多，所以颜色浓艳；而圆角莲瓣纹往往一气呵成，所以其着色不

图14-4　上海博物馆展出的日本东洋陶瓷美术馆藏青花鱼藻纹罐

图14-5　湖北省钟祥市郢靖王墓出土的元青花龙纹梅瓶（局部）

图14-6　湖北省博物馆展出的元青花玉壶春瓶

图14-7　元青花束莲卷草纹匜

图14-8　折角的莲瓣纹（局部）

图14-9　圆角的莲瓣纹（局部）

多，呈色就显得淡雅。莲瓣纹因其线条较长，容易观察其中笔触的走向，因此是分析元青花瓷器绘画用笔的极好图解，也是观察苏来麻尼料碾磨状况、钴料发色以及其他呈色剂作用的极好图样。

所谓元青花瓷器的莲瓣纹中间有

间隔，而一到明代，这种间隔就消失了，改变成为莲瓣纹连成一体，共用边瓣的样式了。这是常识，这里就不再一一详述了。

但如果以为所有的元青花瓷器都是“仰覆莲瓣互不相连”，那就又要和真正的元青花瓷器失之交臂了，上海博物馆元代青花瓷器大展展出的一件元青花缠枝牡丹云肩纹梅瓶，它的莲瓣纹就有相连的画法（图14-10）。

图14-10　元青花缠枝牡丹云肩纹梅瓶（局部），莲瓣纹相连的画法

2.关于卷草纹

卷草纹也是元青花瓷器上经常出现的辅助纹饰，它一般绘制在器物的口沿部位（图14-11）、盖沿部位（图14-12）、颈部（图14-13）和腹部（图14-14）。个别的卷草纹画在器物的足部（图14-15），这些卷草纹应该都是作为区分器物器表不同区域而绘制的辅助纹饰。

卷草纹一般都画得比较草率，线条粗线不一，颜色深浅不一。特别要注意的是，元青花纹饰图案在绘制过程中的规矩和洒脱在这里又是处于辩证统一的矛盾体中。所谓规矩，就是指卷草纹本身作为规矩元青花瓷器器表纹饰区域的准绳而约束其他纹饰：所谓洒脱，就是指卷草纹一般都是大小不等，每个卷草纹的大小往往有着明显的差别。这个现象说明，元代艺人在绘制辅助纹饰时，并不先打框框，等分画面后再一一绘制。也就是说，当上下弦纹分割出辅助纹饰的区域后，并不再把这一区域一一等分，从而画出大小完全相同的卷草纹，而是在这区域中随心所欲，凭个人的艺术才华绘制卷草纹饰，这样就造成了卷草纹大小不一的状况。细心的读者一定还

图14-11　器物口沿上的卷草纹（局部）

图14-12　器物盖沿的卷草纹（局部）

图14-13　器物颈部的卷草纹（局部）

图14-14　器物腹部的卷草纹（局部）

会注意到，往往多数卷草纹大小比较接近，而个别的卷草纹和群体差别较大，这可能是绘制时，开始的单体卷草纹大小容易控制，而画到结束时，其空间已经不能保持同样大小，只能绘制或小或大的卷草以完成连接。这种矛盾统一的画面，往往是循规蹈矩的仿品最容易露出马脚的地方。

图14-15　高足杯足部的卷草纹（局部）

3.关于海浪纹

海浪纹亦是元青花瓷器上的一种辅助纹饰，它一般绘制在大盘的盘沿（图14-16）、大罐的口沿（图14-17）和大碗的口沿（图14-18），少数出现在

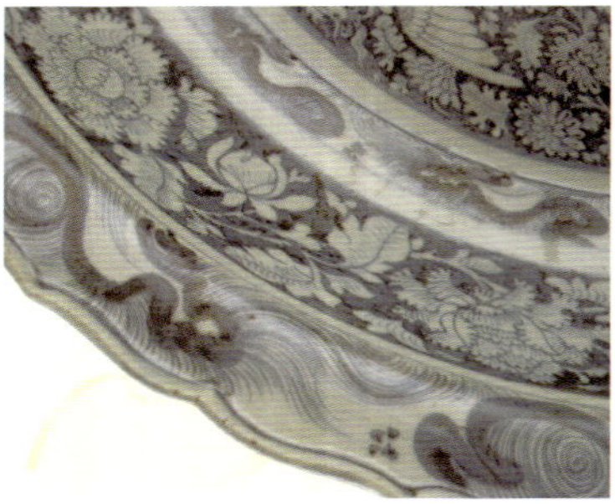

图14-16　大盘盘沿的海浪纹(局部)

图14-17　大罐口沿的海浪纹(局部)

图14-18　大碗口沿的海浪纹(局部)

图14-19　玉壶春瓶颈部的海浪纹(局部)

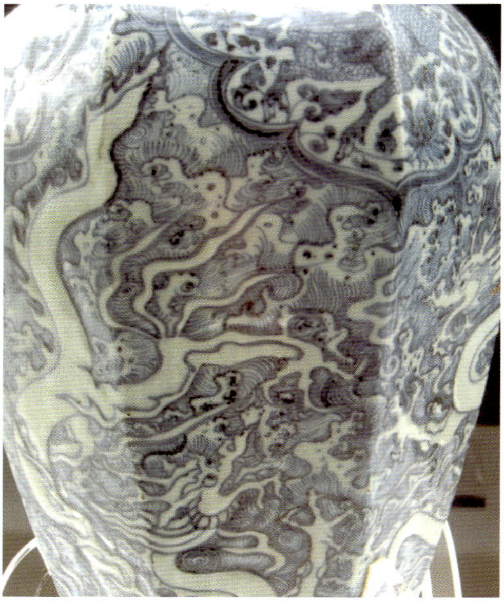

玉壶春瓶的颈部(图14-19)或成为整个器表纹饰的底纹(图14-20)。海浪纹一般都是以白地青花的工艺绘制，画在大盘盘沿处的海浪纹，往往都是菱口的大盘。值得注意的是，元青花瓷器的海浪纹，其冲起的浪花往往绘成刺刀状，浪尖锐刺，颇具金戈铁马的气息。

图14-20　整个器表的海浪纹(局部)

4.关于树叶纹

元青花瓷器纹饰中的树叶，既是辅助纹饰，又往往出现在器表的主要部位，它对画面的影响有着举足轻重的作用。无论是缠枝还是扎枝，其叶片一般分成带芽或带刺两种。

带芽的树叶(图14-21)，往往肥硕，而带刺的树叶(图14-22)一般比较精干，当然它们还有各自的变形状态。不同树叶的画法，可能和当时师徒的传承有关，有的画师其树叶喜欢画成带芽肥硕状，有的喜欢带刺状，他所传承的徒弟也就秉承这种画风，从而造成了不同元青花瓷器树叶的不同风格。不过，不同的画法也可能和树叶衬托的相关花种有关，带芽的树叶多数作为牡丹花的陪衬，而带刺的树叶多数作为菊花或莲花的陪衬。

图14-21　带芽的树叶（局部）

图14-22　带刺的树叶（局部）

元青花瓷器上作为陪衬的树叶，既有浓笔涂抹的写意(图14-23)，也有细描清淡的精致。前者的树叶，只见苏来麻尼料呈色特征“晕散”、“黑斑”和“串珠晕散”现象，而不见叶茎。后者如图14-21所示，叶茎清晰。这显然也是不同画师的不同画法。我们既不能以后者否定前者，也不能相反处之。从树叶的不同画法上，可见元青花瓷器纹饰图案的多样性。

图14-23 浓笔涂抹的写意树叶(局部)

5.关于蕉叶纹

蕉叶的图案最早出现在青铜器上，作为一种传统纹饰，它在元青花瓷器上得到广泛的应用。这里所指的作为辅助纹饰的蕉叶图案，是已经抽象成为长三角形的那种纹饰，而不是指自然状态的植物蕉叶图案。因为作为辅助纹饰的蕉叶纹和作为主要纹饰的岁寒三友或者池塘芭蕉纹中的蕉叶有着完全不同的风格。

蕉叶纹出现在玉壶春瓶上最多，在本书统计的22件元代玉壶春瓶上，有10件绘有蕉叶纹，占45.45%。而在玉壶春瓶上绘有全器龙纹（不包括分区龙纹）、凤或孔雀纹以及人物纹的，一般都不绘蕉叶纹。其他绘有蕉叶纹的器物有觚、盏托、高足杯和执壶等，一般都绘在器物的颈部或足部。

值得注意的是，在我们统计的土耳其12件元青花瓷器和伊朗的22件元青花瓷器中，没有发现绘有蕉叶纹的辅助纹饰，这说明，在当时外销国外的元青花瓷器中，这种作为辅助纹饰的蕉叶纹，并不受国外市场的认可。之所以不把其他国家的元青花瓷器中的蕉叶纹辅助图案统计在内，是因为只有伊朗和土耳其的元青花瓷器是从元代一直传承至今的，而其他国家的元青花瓷器都是几经周折才出现在收藏国度的，和上述两国的收藏在传承上没有可比性。当然这个论断还不完全可靠，因为我们毕竟没有完全统计伊朗和土耳其的全部馆藏元青花瓷器。

蕉叶纹的画法分单框和双框两种，叶的边缘又分成线状和齿状两种（图14-24、图14-25、图14-26）。这些蕉叶的中茎都一笔直通上下，再在中茎两侧用细线画出如鱼骨状的叶脉。这种中茎直线至叶尖的画法是元青花瓷器蕉叶纹的典型，也就是所谓元代中茎单线色绘②和明初中茎拔白③的区别。应该说，这种用蕉叶纹中茎来区分元代瓷器和明初瓷器的鉴定方式在一段时期内，为业内区分元末明初的瓷器起到了相当不错的作用。问题是不能把这样的认识作为唯一的标尺，如果用线性思维的方式来鉴定元青花瓷器，那么，凡是蕉叶纹出现中茎拔白而又有典型元代其他纹饰或者说是典型元代器型的瓷器，就会被相当一部分人认为是臆造品。这件蕉叶纹明显中茎拔白的元青花玉壶春瓶就挑战了这种说法（图14-27），这是甘肃省临洮县衙下乡寺洼村出土的器物，目前收藏于临洮县博物馆，因它是一件科学发掘的出土器，曾于2011年初和2012年末分别展出于浙江省博物馆丝绸之路文物展上海博物馆元代青花瓷器大展。这件中茎拔白的蕉叶纹元青花玉壶春瓶，出身可靠，权威认可，它的蕉叶纹拔白应该

图14-24　线状双框的蕉叶纹

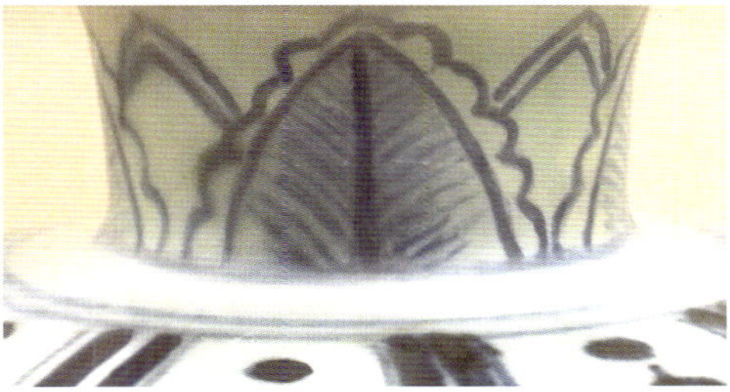

图14-25　齿状双框蕉叶纹

图14-26　齿状单框蕉叶纹

图14-27　元青花玉壶春瓶(局部)

是无可争议的事实。需要说明的是，这件元青花玉壶春瓶并未从头到尾参加上海博物馆的展出，中途就被甘肃相关单位撤走，以至许多藏友未能仔细地观察这个细节。那么我们是否就此认为，凡是中茎拔白的青花瓷器就一定是元代的呢？显然不能，如果还是用线性思维的方式来对待出土物，我们又将陷入机械唯物论的泥坑。

就蕉叶纹的不同画法，足以让我们明白，对待元青花瓷器的鉴定，任何单凭一点“标准”得出的结论，都是靠不住的！

6.关于竹叶和松叶纹

元青花瓷器的竹叶和松叶纹，是不是一定朝上的呢？如果这是作为判断元青花纹饰真伪的依据，那么，凡是往下的竹叶和松叶，都是仿品造假的结果，实际上这也是以偏概全的论断。

一切结论不在于是谁的论断，而在于元青花实物图案。日本出光美术馆藏昭君出塞图罐上的竹叶纹（图14-28）和南京博物馆藏青花萧何月下追韩信图梅瓶上的松叶纹（图14-29），都以实物说明了元青花竹叶和松叶绘

图14-28 昭君出塞图罐上的竹叶（局部）

图14-29 萧何月下追韩信图梅瓶上的松叶（局部）

制方式的复杂性。如果把竹叶和松叶朝上的纹饰说成大多如此，那就可靠得多。为了查证此说的出处，我们认真阅读了朱裕平先生的《元代青花瓷》一书，发现确有这样向上的图案，却没有“竹叶向上”的叙述，可见不读原著，容易被转述的结论误导。当然，即使朱裕平先生的确这样讲了，还是应该以实物为证。

我们还认真阅读了叶佩兰先生的《元代瓷器》一书，其中第27页至第34页是专门讨论“元青花的装饰”，其中“松竹梅纹”一段全文如下：“松竹梅是中华民族崇奉的三种高风亮节的植物，将这三种植物组合在一起就是所谓的《岁寒三友图》，它最早是从元代青花瓷器中出现的。北京后英房元代居住遗址出土过一件青花葵花口盘、江西高安窖藏出土的青花高足碗、江西博物馆的青花双耳瓶、辽宁省博物馆的青花八棱大罐等，均有松竹梅纹装饰的画面。综观元青花松竹梅纹饰，有的青花色调浓艳，所绘青花繁枝茂密，翠竹意态潇洒，梅花烂漫怒放，有的青花色调灰蓝，绘画苍劲有力，自由奔放。说明元青花瓷器中无论是官府烧制的高档青花瓷，还是民间使用的青花瓷，都以松竹梅纹饰为常用图案。”[4]文字不多，但没有一次提及元青花“竹叶向上”的文字。可见，在元青花研究中，首先应该以可靠的元青花瓷器特别是出土瓷器作为标本，然后才是其他研究者的论断，而专家学者的论断也一定要符合实物才能成为正确的论断，而把专家学者的论断读错读偏，则会误导对元青花的正确认识。

所以我们一定要树立唯物辩证法的认识论，否则容易否定真实的元青花瓷器。

7.关于花卉纹

花卉是元青花瓷器上经常出现的纹饰，牡丹、葡萄、菊花、竹石、松竹梅“岁寒三友”是元代艺人信手拈来表现的题材，其中以牡丹最为常见。

牡丹出现在元青花瓷器上，有的成为器表主要纹饰，有的成为器表的辅助纹饰。元青花梅瓶和大罐上，以牡丹纹作为主要图案的十分普遍。在我们统计的232件元青花瓷器中，有26件把牡丹纹作为它的主要纹饰，占11.21%，而把牡丹纹作为辅助纹饰的数量更为可观，把牡丹纹饰作为主要纹饰的器型有以下几类（表14-1）。

表14-1　各类器型上的牡丹纹

序号	器型	数量
1	梅瓶	7
2	大罐	10
3	壶	3
4	塔式盖瓶	1
5	大碗	2
6	小罐	1
7	器座	1
8	葫芦瓶	1

由表可知，牡丹纹可能出现在相当多的器型上，我们的统计也许并不完全，但基本上反映了牡丹纹饰的绘制情况。值得注意的是，上表中没有大盘，是不是大盘上没有牡丹纹饰的出现呢？并非如此，在众多的元青花大盘上，都有牡丹纹的绘制，只不过，这些牡丹纹是作为辅助纹饰出现。读者可以在本书提供的232件元青花瓷器中找出很多例子。这也许可以为我们提供一个鉴定的思路，一般来说，在元青花大盘中，牡丹纹没有作为主要纹饰的先例。牡丹纹作为辅助纹饰出现在大盘上时，往往绘制在大盘的外壁和内壁上，而内面的盘沿上有时也会绘制牡丹纹饰，而作为大盘的盘心，目前还未发现绘制牡丹纹饰的图案。所以说，作为主要纹饰，牡丹纹在大盘上尚未发现。还应指出的是，大盘外壁的牡丹纹都是白地蓝花，而绘在内面盘沿和盘壁上的牡丹纹，既有白地蓝花，也有蓝地白花。而前者应该可以成为一种规律来认识。

牡丹的表现形式往往有缠枝和扎枝两类，作为主要纹饰的牡丹，在梅瓶和大罐上，分别以盛开的牡丹和含苞待放的牡丹两种形式间隔绘制在器表，读者可以在本书的许多图片上发现这类情况。

葡萄作为主要纹饰出现在元青花瓷器上，我们仅发现国家博物馆的一

图14-30　国家博物馆藏元青花葡萄纹大盘

件（图14-30）。这件大盘菱口，器型硕大，造型规整，是难得一见的珍品。而作为辅助纹饰的葡萄纹，也能找出几件，读者亦可自行研究。

菊花出现在元青花瓷器上，有的作为主要纹饰，也有的作为辅助纹饰。我们粗略统计了一下，作为主要纹饰的，共有15件，情况如表14-2所示。

表14-2　各类器物上的菊花纹

序号	名称	数量
1	内蒙古林西县元青花菊纹高足杯（出土窖藏）	1
2	首都博物馆藏元青花缠枝花卉纹盏、盏托（出土窖藏）	1
3	江西萍乡博物馆藏元青花菊花纹带座炉（出土窖藏）	1
4	首都博物馆藏元青花菊花牡丹纹托盏（出土窖藏）	1
5	山东青州元青花菊纹盏（出土）	1
6	江西景德镇考古所藏元青花菊纹鸟食罐（出土）	1
7	首都博物馆藏元青花菊花蕉叶纹出戟觚（出土） 江西陶瓷馆藏元青花带座缠枝蒜头瓶（馆藏）	2
8	江西陶瓷馆藏元青花带座缠枝蒜头瓶（馆藏）	1
9	江西陶瓷馆藏元青花狮钮盖炉（馆藏）	1
10	大英博物馆藏元青花缠枝菊花玉壶春瓶（馆藏）	1
11	上海博物馆藏元青花串枝菊花纹碗（馆藏）	1
12	上海博物馆藏元青花串枝菊花纹小罐（馆藏）	1
13	上海博物馆藏元青花串枝菊花纹折腰碗（馆藏）	1
14	上海博物馆藏元青花串枝菊花纹执壶（馆藏）	1

图14-31　元青花串枝菊花纹小罐

从上表可知，出土7件，馆藏8件，而其中的几件馆藏品也有出水后被博物馆收藏的，因此绝大多数都是可信的出土或出水之物，说明菊花也是元代艺人经常表现的纹饰。菊花的画法，既有勾出轮廓花瓣不填色的一类，如上海博物馆藏元青花串枝菊花纹小罐（图14-31），也有勾出轮廓再填色描绘的一类，如大英博物馆藏元青花缠枝菊花玉壶春瓶（图14-32），但像明初瓷器菊花纹那样花瓣对半呈色的形式很少出现。

以竹石为主要纹饰的瓷器有5件，一般出现在大盘上。分别为：大英博物馆藏元青花印花竹石瓜果纹大盘（图14-33）、国家博物馆藏元青花竹石纹大盘（图14-34）、上海博物馆藏元青花蕉叶瓜果竹石印花缠枝牡丹纹菱口盘、土耳其藏元青花花果竹石纹大盘（图14-35）和伊朗藏元青花竹石瓜果纹大盘（图14-36）。大英博物馆藏的一件和上海博物馆藏的一件都是菱口大盘，都是用青花、反青花和印花三种工艺结合绘制的纹饰，所以其艺术成就更高。而盘心的竹石纹饰都用青花绘制，这也许是当时匠人的一种定式，值得鉴赏者重视。

图14-32　青花缠枝菊花玉壶春瓶

竹石纹饰还出现在其他元青花瓷器上，比如萧何月下追韩信梅瓶等器物上，往往在有人物图纹的元青花瓷器上都可能出现竹石纹饰。

松、竹、梅“岁寒三友”纹饰应该是和

图14-33　大英博物馆藏元青花印花竹石瓜果纹大盘

图14-34　国家博物馆藏元青花竹石纹大盘

图14-35　土耳其藏元青花花果竹石纹大盘

图14-36　伊朗藏元青花竹石瓜果纹大盘

竹石纹饰相关联的图案，它往往出现在绘有人物图的元青花瓷器上，作为主体图案的陪衬，以显示主人公的高风亮节。即使在一些小型器物上，因为有人物的出现，“岁寒三友”往往也作为辅助纹饰出现在人物背景中，如西安张达夫墓葬出土的元青花人物图匜（图14-37）。掌握松、竹、梅和人物图案的这种关联，应该是鉴定元青花瓷器的一种艺术考量。

“三阶垂耳”是元青花琢器如大罐、梅瓶、玉壶春瓶和扁壶上经常出现的一种开光图案。所谓“三阶垂耳”就是两边各有三段弧线相连上宽下尖的几何图形，形如朵云，又往往饰在肩上，故而也被称为“云肩纹”。云肩纹一般绘在大罐和梅瓶上，是比较显眼的一种辅助纹饰，说它显眼，不仅因为其往往绘在器物的肩部，而且图案也比较大，在器表上十分醒目，所以绘有“三阶垂耳”图案的青花瓷器，一般在命名时，都会把“云肩”两字嵌入器名中，而大多数的其他辅助纹饰都不会享受这种被命名的待遇。因为云肩纹画得比较大，在这样的开光图案中间，往往又绘有植物和动物，如美国波士顿美术馆藏元青花云肩云龙纹罐（图14-38）和上海博物馆

图14-37　元青花人物图匜

图14-38　元青花云肩云龙纹罐（局部）

图14-39　元青花缠枝牡丹云肩纹梅瓶

14-40　元青花云肩水波莲花纹玉壶春瓶图（局部）

藏藏元青花缠枝牡丹云肩纹梅瓶（图14-39）上的“三阶垂耳”，所以它引起研究者的注意是十分自然的事情。“三阶垂耳”的图案也有作为主要纹饰的例子，如美国波士顿美术馆藏元青花云肩水波莲花纹玉壶春瓶（图14-40）上的“三阶垂耳”，就是这件玉壶春瓶的主要纹饰，它绘在玉壶春瓶的主体部位上，开光图案中画有水波纹和莲花纹。在这三件绘有“三阶垂耳”开光图案的青花瓷器上，其“云肩”图案都以素雅的线条勾勒，它们是否出自于一个窑场或者出自于一个窑工，抑非所知。而国家博物馆藏的一件青花缠枝牡丹云肩天马纹大罐，其色泽也比较淡雅，而故宫博物院所藏的青花云龙云肩纹梅瓶和青花釉里红镂雕盖罐，上面的云肩纹中都饰有花卉，而伊朗藏的元青花孔雀纹扁壶（图14-41），其云肩纹究竟是主要纹饰还是辅助纹饰，那就仁者见仁，智者见智了。

8.关于凤凰及其尾巴

图14-41　元青花孔雀纹扁壶

这个命题并不搞笑，因为关于凤凰纹饰，不仅经常出现在元代的青花瓷器上，还因它的尾巴数量成为某些研究者判断元青花瓷器真伪的一个依据。有学者认为：元青花瓷器上凤凰的尾巴都是三个，言下之意，凡不是三个尾巴的孔雀，都不是元青花的画法。这样的结论有些武断，因为不是三个尾巴的凤凰，在元青花瓷器上还是能够发现的。在开封博物馆内拍摄的伊朗藏元青花凤凰纹扁壶（图14-42），它的尾巴明明就是四个。当然三个尾巴的凤凰可能比较多些，如伊朗馆藏元青花大盘上的凤凰及其尾巴（图14-43）和故宫博物院藏元青花执壶上的凤凰及其尾巴（图14-44），它们都是三个，这也许造成了个别学者对元青花瓷器上凤凰尾巴的错误判断。图14-45是故宫博物院藏元青花大盘上的凤凰及其尾巴，它的尾巴少了一个，只有两个。因此，不能以凤凰尾巴的多少来判断元青花瓷器纹饰的真伪。我们只能说，在元代的青花瓷器上，凤凰的尾巴描绘成三个的比较多些。

图14-42　元青花凤凰纹扁壶(局部)

综观这些凤凰，它们往往被塑造成鸡首，翅膀成扇状展开，翅翼犹如扇骨般排列。

图14-43　元青花大盘上的凤凰尾巴(局部)

图14-44　元青花执壶上的凤凰尾巴(局部)

图14-45　元青花大盘上的凤凰尾巴

9.关于龙纹和龙爪

龙纹和龙爪也是研究者所关心的元青花纹饰图案。关于龙爪的数量，也曾经困扰着不少研究者，过去的说法是元青花瓷器上没有五爪龙。随着出土器物上五爪龙的出现，如首都博物馆展出的江西景德镇出土考古所藏元青花云龙纹砚盒（图14-46）、元青花龙纹桶式盖罐（图14-47）和元青花五爪双龙赶珠纹盖罐（图14-48），元青花瓷器上龙纹没有五爪的这类说法已经销声匿迹。但应该说明的是，绝大多数的元青花瓷器上的龙爪都不是五爪，我们也不能一日被蛇咬，就十年怕井绳了。在我们统计的232件元青花瓷器中，把龙纹作为主要纹饰的有43件，占18.53%，为所有纹饰图案数量之最，而其中大多数是三爪龙。这些龙的形象，都和前人研究所描述的一样，为小首、细颈、蛇身。江西高安出土的一件元青花龙纹大罐，上面绘制的就是典型的元代龙纹（图14-49）。当然也有例外，国家博物馆藏元青花龙纹罐（图14-50），其龙身粗壮，四爪，明显和前者不同。

图14-46　元青花云龙纹砚盒（残）

图14-47　元青花龙纹桶式盖罐（残）

图14-48　元青花五爪双龙赶珠纹盖罐（残）

图14-49　元青花龙纹大罐

图14-50　元青花龙纹罐

10. 关于“满池娇”

池塘、莲花和鸳鸯是元青花盘、碗类器物经常出现的纹饰，少数也出现在玉壶春瓶和大罐上。在本书的统计中，绘有池塘莲花纹的有6件，分别是大盘4件、小盘1件和玉壶春瓶1件；绘有池塘水禽纹饰的有1件，为伊朗馆藏的菱口盘；而绘有池塘鸳鸯纹的有15件，分别是碗5件、大盘2件、小盘2件、高足碗2件、玉壶春瓶2件、大罐1件和套盒1件。由此可见，在22件绘有池塘莲花鸳鸯纹的器物中，盘碗类有17件，占72.27%。可见，这类纹饰主要绘制在器表面积大的瓷器中，而盘碗类瓷器绘上池塘莲花鸳鸯纹更能使人随想图案中蕴涵的意境，即所谓“满池娇”图案。这类图案以荷叶、莲花、鸳鸯、鹭鸶、虫鱼嬉水等为主题，表现荷塘小景，把自然中生机盎然、祥和安宁的美景称为“满池娇”，反映了人们追求人世间爱情美满、家庭和睦和团圆幸福的美好愿望。临洮出土元青花玉壶春瓶上的莲池鸳鸯纹（图14-51），英国剑桥大学威茨威廉博物馆藏元青花大罐上的鸳鸯纹图（图

图14-51　玉壶春瓶上的莲池鸳鸯纹（局部）

图14-52　元青花大罐上的鸳鸯纹(局部)

图14-53　元青花大罐上的鸳鸯纹(局部)

14-52、图14-53),这些鸳鸯都是成双成对,绘工精细,鸳鸯的翅和尾都往上跷起,这种样式,寓意鸳鸯轻松愉快的情趣。

11.关于青白鲢鳜

青鱼、白鱼、鲢鱼和鳜鱼是元青花瓷器上最具政治色彩的鱼类纹饰图案,它寓意“清白廉洁”,可见在600多年前的元代,人们也追求政治清明和吏治廉洁。鳜鱼也称桂鱼,但此字还有一个读音,即可读为“jué”⑤,所以把青鱼、白鱼、鲢鱼和鳜鱼连在一起读,即谐音为“清白廉洁”。日本

图14-54　元青花鱼藻纹罐(局部)

大阪东洋陶瓷美术馆藏元青花鱼藻纹罐上的青鱼、白鱼、鲢鱼和鳜鱼图（图14-54、图14-55、图14-56、图14-57），这些鱼画法洒脱，鱼游弋于藻类之间，悠然自得，特别是青鱼和白鱼，身躯或被水藻遮掩或叠在水藻之上，使静止的画面因这种上下叠压的创意而颇具动感，再加上摇动飘逸的水草，使凝固在大罐上的画面如同一潭活水。这种境界是仿品最难达到的意境。而鳜鱼的肥硕和凶猛的神态，也是现代仿品最难捉摸的形象，把这样的动感画面和美感意境了然于胸，将会提高我们对于元青花瓷器的审美能力。

图14-54　元青花鱼藻纹罐（局部）

图14-54　元青花鱼藻纹罐（局部）

12.关于动物

元青花瓷器上的动物种类很多，有麒麟、狮子、瑞兽、兔、马、孔雀、禽鸟等等。这些动物的形象，

图14-54　元青花鱼藻纹罐上的鳜鱼（局部）

在所列的232件元青花瓷器中都能一一找到，但我们不能认为元青花瓷器的动物形象全部包括在内，在尚未看到的国内外元青花瓷器中，一定还有其他种类的动物，在相关外文书籍上有一件明早期的青花盘上绘有金钱豹的图案，这似乎也在暗示类似的图案也可能出现在元代瓷器上。

13.关于人物形象

这是最值得关心的元青花瓷器图案。在我们统计的232件元青花瓷器中有14件绘有人物，占统计数的6.03%。人物图的元青花瓷器一定不止14件，比如英国维多利亚与艾伯特博物馆藏的一件青花人物故事图梅瓶，就没有参加上博的展出。而1980年冬广西横县农科所主楼西侧工地出土的元青花尉迟恭单骑救主图人物故事罐，开始收藏于广西横县文管所，后被广西博物馆收藏，这次也没有来上博展出。广州市文物局所藏一件元青花人物船形器，广东省博物馆藏陶渊明携琴访友图玉壶春瓶。四爱图梅瓶湖北省的博物馆就有两件，在上海展出的一件已被统计，另一件还在编外。另外还有香港天民楼所藏人物山水图玉壶春瓶等。这样，据我们不完全的统计人物图的元青花瓷器至少有20件。

20件的不完全统计已经使所谓的元青花人物图瓷器全世界只有十几件的说法不攻自破。我们并非非要和一些传统观念作对，我们只想说，在元青花瓷器的研究领域，要确立辩证唯物论的认识论，是多么费劲费力。我们真诚希望体制内的研究者能够静下心来，枯坐几年冷板凳，在实物的基础上，搞清楚元青花人物图瓷器究竟有多少件，而不是人云亦云。传统观念的束缚使得一些颇具才华的研究者不够越雷池一步，职称晋级和职位提升的现实需求使他们十分顾忌业内的个别权威和舆论。

我们已经讨论过两件昭君出塞图的艺术水准，我们也已经阐述过萧何月下追韩信图和鬼谷子图的相似性，而在一些出土的元青花人物图上，人物脸庞的简单化和人物衣襟的飘逸，也可能为我们提供鉴定真伪的脉络，但这些都不能成为鉴定元青花瓷器真伪的标杆，元青花人物图瓷器的真伪不是看看书就能解决的，也不是看上一件两件实物就能解决的，没有长年累月的接触和观赏，没有对元青花瓷器的全面和全局了解，对于元青花人物图的鉴定只能是赵括论兵。我们希望读者不仅在本书中寻找相关的人物图青花瓷器，更希望读者在可能的范围内，在世界各地的博物馆中寻找元青花人物图瓷器，特别是出土的人物图瓷器。它们才是真正的标杆。

元青花瓷器上的纹饰远远不止我们讨论的这些，比如杂宝，比如金钱纹，比如几何纹等，这类纹饰的讨论许多相关书籍已经作了详细的介绍，我们在相关的章节中也有些许探讨，这里就不一一叙述了。

①《收藏》杂志，2005年12月刊·总第156期，第50页。

②草千里：《元明青花瓷器鉴定》，中国盲文出版社2002年版，第12页。

③朱裕平：《元代青花瓷》，文汇出版社2000年版，第240页。

④叶佩兰：《元代瓷器》，九洲图书出版社1998年版，第31页。

⑤《辞海》，上海辞书出版社1989年版，第2273页。

十五 元青花瓷器的制胎工艺

在讨论和研究元青花瓷器时，应该对元青花瓷器的制胎工艺有一个正确的判断，每一个时代的制瓷工匠都有自己特殊的工艺流程，随着时代的变迁，这些工艺也会发生变化。元青花瓷器就有着自己特殊的工艺，而研究实物才是对元青花瓷器的制胎工艺最好的了解途径。然而，如果仅仅是参观博物馆里的元青花瓷器，并不能完全了解瓷器的制胎工艺，因为博物馆展出的元青花瓷器，往往只能看到正面而不能看到瓷器的底部和内腔，这就使得大多数观众不能全面了解元青花瓷器的制作工艺。在这方面，博物馆的在职研究人员就得天独厚，他们在接收和布展的过程中，或者在学术研究中，能够仔细地观察和抚摸元青花瓷器的方方面面，悟性较高的研究者就能找到常人很难发现的制胎工艺的奥秘。在这一点上，是民间的陶瓷爱好者和研究者应该虚心学习之处。

笔者有幸上手了几件馆藏出土的元青花瓷器，也有幸观察了一些馆藏的传世元青花瓷器的底足和内腔，让我们通过这些图片一起来解读元青花瓷器的制作工艺。先从这些元青花瓷器实物上提炼出基本观点，然后再一个一个展开论述。

元青花瓷器的制胎工艺有以下几点特征：

第一，元青花瓷器的胎土已经采用了“二元配方”，即瓷土加高岭土。

它大大增加了胎土中的二氧化铝的成分。相关部门对出土的元青花瓷片做过成分测试，测得胎中AI_2O_3在18.83%至21.08%之间[1]，“从瓷胎含AI_2O_3估算，推断元代制作的青花瓷已掺用高岭土成分”[2]。瓷土内氧化铝含量的提高，提高了瓷器的烧成温度，但是从本章列出的元青花瓷来看，其瓷化程度还是不如明清两代的瓷器，无论是胎体的致密程度和细腻程度，都远远不及后世的瓷器。其原因恐怕和元瓷胎泥制作时研磨不细、淘炼不精有关。从元青花大罐和大盘的底部，都可以观察到它们的胎色不够洁白，胎质较粗并有细小的气孔（或称砂眼）。因为采用垫砂支烧的方法，且底部不施釉，烧成后即为糙底。元青花瓷器底部的边缘常常出现粘砂或铁质斑点，少量器物由于胎土内含铁量较高，烧结后底部露胎部位呈红褐色，形成所谓的“火石红”。

元青花瓷器的大罐和大盘，一般都手感沉重，这不仅是器壁较厚的缘故，还和所选胎料的成分以及胎料的致密程度有关。当然，也有一些元青花瓷器手感较轻，其原因就在于所选择的胎料和大多数元青花瓷器的胎料并不一致。

第二，元青花瓷器都是上下接胎。元代青花瓷器的琢器，一般都采用分段制胎，然后再用胎泥粘合而成，粘接处器表往往突起，不仅肉眼能明显察觉，用手抚摸，直觉就有不平之感，说明外壁虽经修磨但并不精细，还是留下痕迹。元青花瓷器的内壁修饰也是十分粗率，颈部内侧略加切削，而内壁均不修削，内壁接痕更是清晰可见，往往露出接胎时挤出的泥浆，烧结后呈断裂状连接。因此，元青花瓷器的底、腹、口等处胎体接痕都十分明显。一般器物的足边不规整，有弯曲现象，说明元代制胎时并不十分讲究修坯，因此显得成型工艺比较粗糙。高足杯的高足与杯身以泥浆拼接，交接处可以看见黄色或浆色挤压泥浆，甚至可以发现工匠制作时所刷的施釉，高足杯底部足端的圈足往往厚薄不一。

第三，元青花瓷器的底足有着十分明显的时代特征。元青花瓷器的底足除玉壶春瓶外，一般都是糙底，很少施满釉，但底足有试釉现象。所谓“试釉”现象，即元青花瓷器在上釉前，为了测试釉的厚薄和成分，往往在

上釉前先把釉涂抹在瓷器不显眼的部分，而底足就是试釉最理想的区域。所以在许多元青花瓷器的底足往往局部区域有釉，这些釉的颜色和厚薄，有的和整器的釉相一致，有的略有差异，这就是元代匠人根据试釉情况重新对釉所作的调整。

元青花瓷器的底足外壁一般都斜削一刀，底足往往有“火石红”。对于大盘和大罐一类元青花瓷器来说，器足底一般十分宽厚，大多为挖足，挖足有深有浅。瓷器的圈足并非十分整齐，圈足的圆并不规整。

元青花瓷器的底足有的有旋痕，有的无旋痕。从底足旋痕可知，元青花瓷器制胎时都为顺时针旋转，这种顺时针的旋转的制胎工艺，又为我们增加了一个鉴定元青花瓷器的手段。元青花瓷器的底部和圈足内往往粘有窑砂。而最为人熟知的是元青花瓷碗的底足往往有乳状突起，这几乎成了元末明初青花碗的典型特征。

以上的制胎特征是提炼元青花瓷器实物作出的判断，下面就对一些元青花瓷器一一解读。

这件伊朗藏元青花麒麟牡丹纹双系罐（图15-1）曾被送到上海博物馆展出。图片是在伊朗博物馆中拍摄的，因不需要隔着玻璃照相，其器物表面的接胎痕迹就十分显眼。这件元青花麒麟牡丹纹双系罐上的接胎痕迹（图15-2），即使隔着玻璃，也被看得十分清楚，但不会有亲自上手触摸那种直觉。它底足外壁斜削的特征明显，罐底的制胎旋痕清晰可见（图15-3）。所以看博物馆的藏品是收藏爱好者的基本功，但不能上手则是一件对鉴定十分不利的缺憾，因此虚心向博物馆的研究人员学习，是民间收藏

图15-1　元青花麒麟牡丹纹双系罐

图15-2　元青花麒麟牡丹纹双系罐上的接胎痕迹（局部）

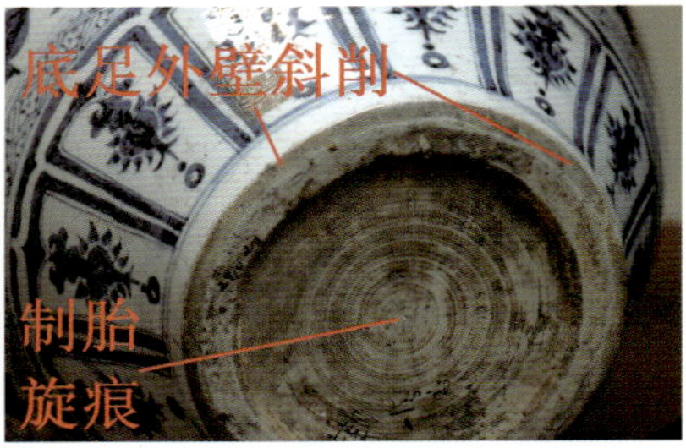

图15-3　元青花麒麟牡丹纹双系罐上的底足外壁斜削痕迹和制胎旋痕（局部）

图15-4　元青花花卉纹扁壶

爱好者必须端正的态度。

元青花花卉纹扁壶，1972年10月出土于林西县的一处元代窖藏（图15-4），当时一共出土瓷器12件，其中青花瓷器7件，包括青花缠枝莲纹扁壶1件、青花鸳鸯纹小盘2件、青花龙纹小盘1件、青花菊纹高足杯1件、青花龙纹高足杯1件、青花凤纹高足杯1件，其中有一些是残件。笔者和专家们一起研究这件瓷器（图15-5），向专家学者们学习是我们研究、鉴赏生涯不可或缺

图15-5　笔者和专家们一起研究瓷器

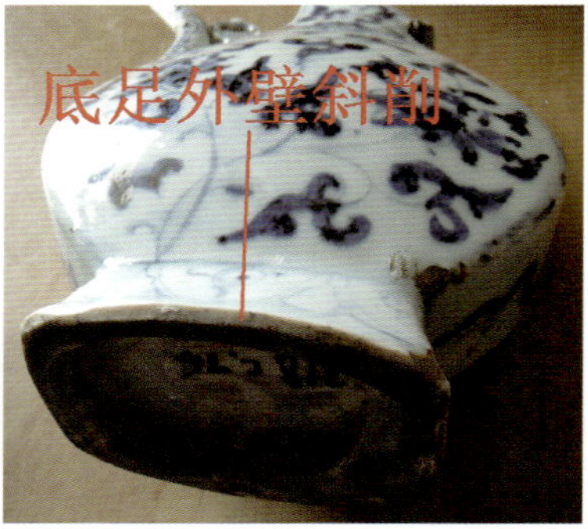

图15-6　扁壶底足的外壁斜削痕迹

的组成部分。这件元青花花卉纹扁壶的底足有明显的外壁斜削痕迹（图15-6）。

同样出土于林西县的一件青花龙纹高足杯（图15-7），其底足和杯身处的接胎痕迹明显，清晰可见泥浆拼接的痕迹，交接处可以看见黄色或浆色挤压泥浆，釉面也不能掩盖，釉面也因接胎处的皱折而显得更为浓艳。高足杯底部足端的圈足厚薄不一，沾有窑沙和附着物（图15-8）。这件器物的高足底部外撇，高足显然也是拼结而成，拼结处露出施釉。

另一件林西县出土的青花鸳鸯纹小盘（图15-9），从这件小盘的底足（图15-10）可以看出，元青花瓷器的底足往往不施釉，而底足的外壁习惯上斜削一刀。

图15-7　元青花龙纹高足杯

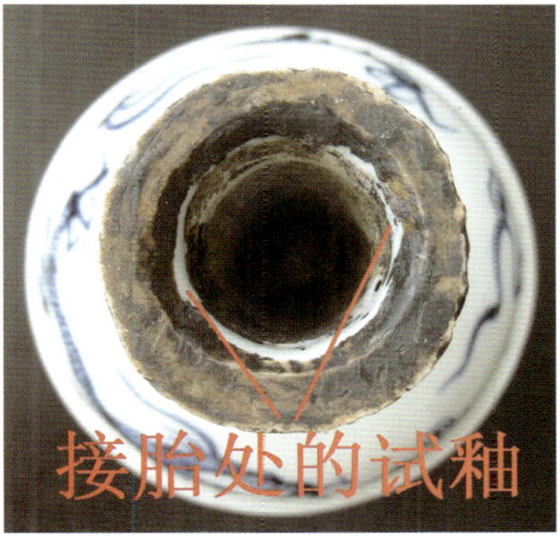

图15-8　元青花龙纹高足杯底部

图15-9　元青花鸳鸯纹小盘

图15-10　元青花鸳鸯纹小盘底部

元青花瓷器的内壁，因为制作后，内壁往往不再修整，它们的制胎痕迹就更为明显。

图15-11是土耳其托普卡比宫收藏的鱼藻纹大罐的内腔，明显看出接胎处的痕迹，因用胎泥粘合，接胎后挤出的泥浆烧结后成连续断裂的硬块。这件鱼藻纹大罐的外壁上看不出拼结的痕迹，这和制胎后修胎工序是否精致有关（图15-12）。

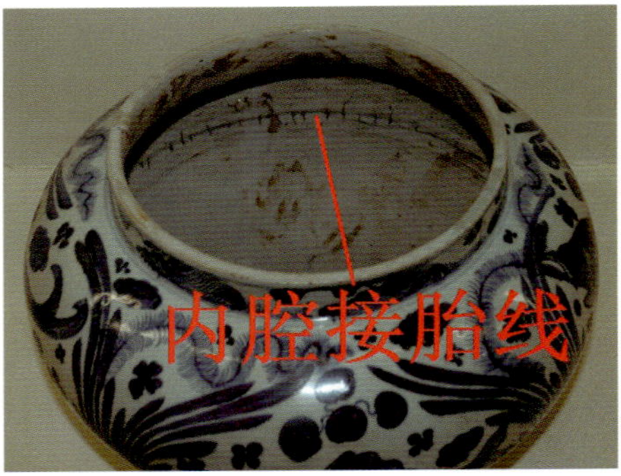

图15-11　元青花鱼藻纹大罐的内腔（局部）

图15-12　元青花鱼藻纹大罐

在内壁处出现同样的接胎痕迹元青花瓷器，不在少数，山西省博物馆藏元青花牡丹纹罐的内壁（图15-13），也可以明显看出泥浆被挤压而出的状况，烧结后也成为一串断断续续的组合。细心的鉴赏者在观察其他元青花大罐时，一般都能看到这种泥浆挤压烧硬的现象。

图15-13　元青花牡丹纹罐的内壁（局部）

这种上下接胎的制作工艺，有时候会造成使用过程中的损坏，如果经常用手抓住瓷器的上部搬动器物，可能会造成瓷器上下的脱落（图15-14）。这是一件伊朗藏元青花八方葫芦瓶，葫芦瓶的上部已经不见踪影，明显可以看出是接胎处断裂。在这件葫芦瓶的下半部，还能看到另

图15-14　元青花八方葫芦瓶接胎处断裂

图15-15　元青花八方葫芦瓶的底足

一条接胎线，说明这样的琢器是分段制作后，多次接胎而成。图15-15是这件青花八方葫芦瓶的底足，底足上可以看到外壁斜削的工艺特征和底足不施釉的制作习惯。

对于瓷器制胎工艺的解读，一方面要实地了解现代制瓷工艺的流程，虽然这些流程已经和元代的工艺有所区别，但其主要部分还是一脉相承的，还应在现存的元青花瓷器实物上找寻元代制作工艺留下的痕迹。上手实物是十分关键的解读途径，而这样的实物当然应该是可靠的元青花瓷器。上海博物馆展出过的一件伊朗藏元青花孔雀纹大罐（图15-16），这张图片拍摄于伊朗博物馆的库房内。许明先生在伊朗博物馆库房内仔细观察过这件青花孔雀纹罐里外和底足（图15-17）。这件元青花孔雀纹罐已经是破碎多块，拼结而成，其内腔照片不仅可见旋痕，还可以看到碎

图15-16　元青花孔雀纹大罐

图15-18　元青花孔雀纹罐内壁（局部）

图15-17　许明先生在仔细观察元青花孔雀纹罐

成多片的裂纹（图15-18）。了解这件瓷器的损坏情况，对于掌握元青花瓷器的多样性有很大的帮助。前文已经说过，修补后的元青花瓷器，一定会留下现代工艺的痕迹，排除这些痕迹，才能使我们对元青花瓷器得到真正的理解，切不能被修补后的外表所迷惑。

伊朗没有送上海展出的一件元青花麒麟莲花纹罐，其口沿部分也有冲线现象（图15-19）。其内腔看不清是否受损，但能看出内壁有施釉痕迹（图15-20），罐的底足（图15-21）糙底和底足外壁斜削的特征十分明显，更为可贵的是，其罐底显示的制胎旋痕，为我们提供了元青花瓷器的一个很好的鉴定参考。这些旋痕是顺时针旋转的，许多瓷器的底足都可以发现顺时针旋痕。我们不会说所有元青花瓷器制胎时都

图15-19　元青花麒麟莲花纹罐

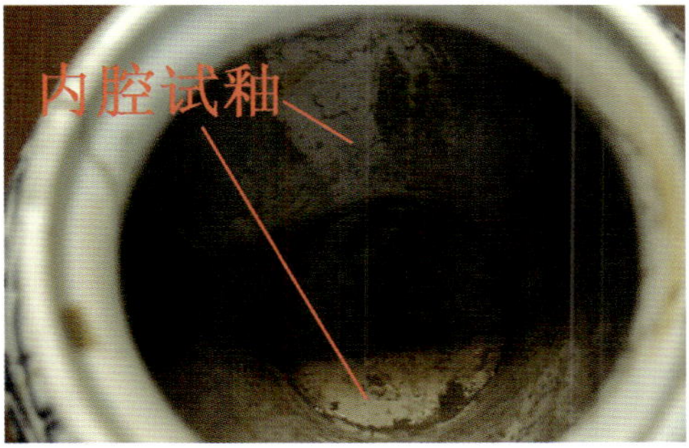

图15-20　莲花纹罐内壁施釉痕迹

图15-23　莲花纹罐底足

是顺时针旋转，但想说的是，如果发现底足不是顺时针的旋痕，应该引起我们的思索和商榷。

元代的青花四系扁壶是元代一种常见的器型，伊朗博物馆所藏的青花孔雀纹四系扁壶（图15-22），它的底足上的外壁斜削特征明显，挖足也较深（图15-23）。另一件伊朗藏青花麒麟凤凰纹四系扁壶（图15-24），也具有外壁斜削、施釉和挖足的特征（图15-25）。从这件四系扁壶上可以明显看出龙形系为塑制后由瓷土粘结，粘结处还可以看到施釉不到之处（图15-26）。

图15-23　元青花孔雀纹四系扁壶底足

图15-22　元青花孔雀纹四系扁壶

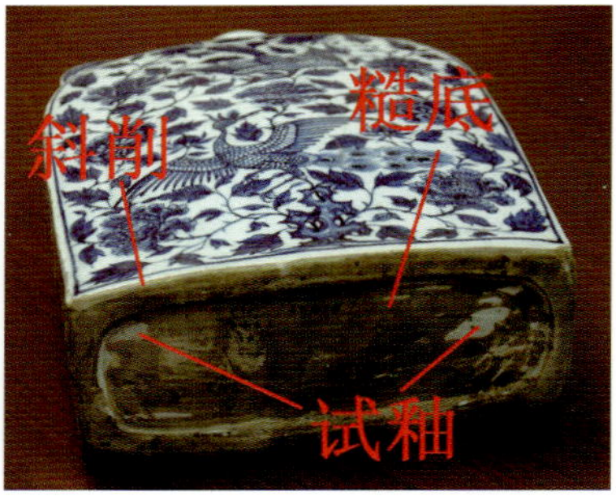

图15-25　元青花麒麟凤凰纹四系扁壶底足

图15-24　元青花麒麟凤凰纹四系扁壶

图15-26　四系扁壶的龙形系（局部）

这件伊朗藏元青花莲花纹梅瓶（图15-27），它的瓶口为后修，可能是修补者对元青花瓷器缺乏充分的了解，不仅修补处釉面太亮，而且梅瓶口并非如元代瓷器常见的梯形口，瓶口较直，还略显上大下小。如果以这样的瓶口来作为元青花瓷器器型的标准，将会是误导。在它的底足上不仅可以见到糙底、试釉和外壁斜削的特征，底中上也沾有烧窑时的垫沙（图15-28）。

另一件伊朗藏元青花麒麟牡丹纹梅瓶，它有着典型的元代梅瓶的器型特征，即唇口和梯形颈（图15-29）。它的底足不仅可见常有的斜削、挖足、试釉特征，还可以明显看出制胎时的旋纹为顺时针方向旋转（图15-30），它和前文所述的大罐的底足旋纹一样，这是我们应该予以重视的

图15-27　元青花莲花纹梅瓶

图15-28　元青花莲花纹梅瓶底足

图15-29　伊朗藏元青花麒麟牡丹纹梅瓶

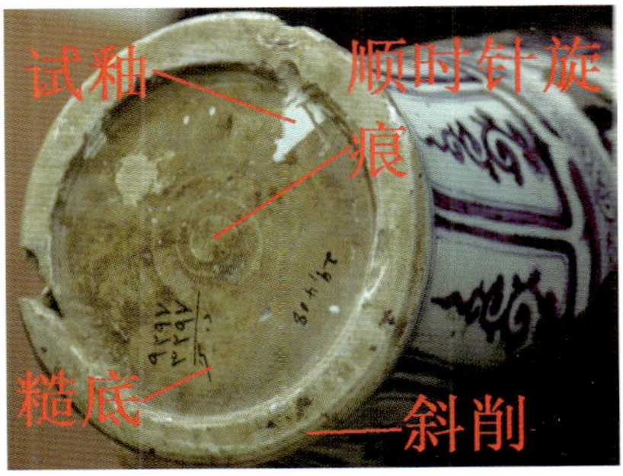

图15-30　伊朗藏元青花麒麟牡丹纹梅瓶底足

图15-31　伊朗藏元青花麒麟牡丹纹梅瓶上的铭文

图15-32　元青花凤凰牡丹纹梅瓶

图15-33　元青花凤凰牡丹纹梅瓶底足

图15-34　元青花凤凰牡丹纹梅瓶上的铭文

元青花大器的特征。从梅瓶上的铭文还可以看出梅瓶的口沿处因使用留下的磨痕（图15-31）。

这件伊朗藏元青花凤凰牡丹纹梅瓶（图15-32），从它的底足（图15-33）和铭文（图15-34）上，读者可以自行解读它的相关特征。在伊朗宫庭使用的元青花梅瓶上，都可以看到凿刻的痕迹，说明当时主人对它的重视程度。

元代的青花大盘，尽管在器型上和大罐、梅瓶有着很大的差异，但从中也会看到一些相同的时代特征，即斜削、糙底以及器物上的文字等特征，而底足上的顺时针旋纹也十分明显，为我们鉴定元青花瓷器提供了参考依据（图15-35至图15-40）。

图15-35　伊朗藏元蓝釉白龙纹菱花口盆

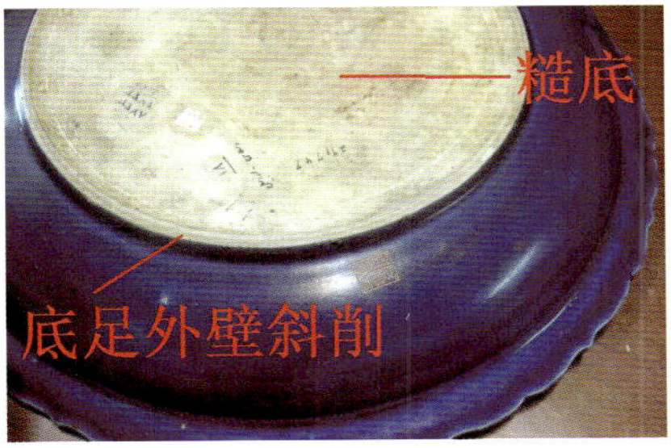

图15-36　伊朗藏元蓝釉白龙纹菱花口盆的底足和文字

图15-38　伊朗藏元青花双鹤莲塘纹菱花口大盆底足

图15-37　伊朗藏元青花双鹤莲塘纹菱花口大盆

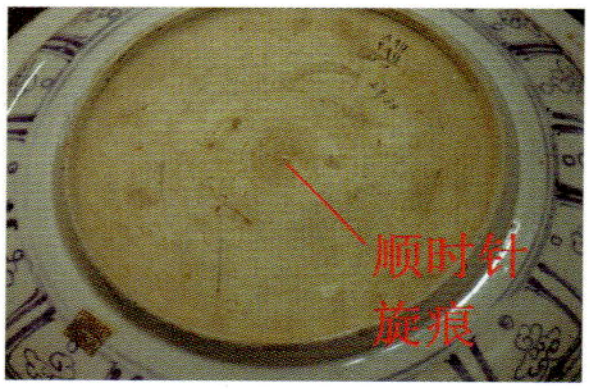

图15-40　伊朗藏元青花鸳鸯莲花纹折沿大盘底足

图15-39　伊朗藏元青花鸳鸯莲花纹折沿大盘

从这件伊朗藏元青花花鸟纹大碗（图15-41）和它的底足（图15-42）上，我们也可以看到元代青花瓷器常有斜削和火石红的特征。

之所以列出这么多的有些类似的图片，一是因为在元青花瓷器展出中，往往很少看到瓷器的底部，而瓷器的底部恰恰又是鉴定瓷器真伪的十分重要的因素。二是因为在求证的过程中，孤证往往并不能反映事物的本质，只有重复出现的事物才能成为可靠的依据。

图15-41　元青花花鸟纹大碗

图15-42　元青花花鸟纹大碗底足（局部）

总之，从元青花瓷器的制胎工艺来看，它有以下几个鲜明的特征：

（1）瓷胎为二元配方，含有较多的高岭土。

（2）胎色不显洁白，有杂质。

（3）大件器壁较厚、手感较重。

（4）上下接胎。

（5）泥浆拼接。

（6）胎土淘冶不精。

（7）表面修胎不平整。

（8）内壁可见泥浆挤压后的断续块状。

（9）外壁可见接胎线。

（10）底足挖足深浅不一。

（11）底足有外壁斜削现象。

（12）底足边上有粘沙现象。

（13）底足往往出现小部分的试釉现象。

（14）底足能见顺时针旋纹。

（15）底足往往有火石红。

掌握以上一些在元青花瓷器上经常可以观察到的特征，并非掌握元青花瓷器鉴定的全部，这一点是所有元青花瓷器的爱好者和研究者都应该明白的道理。

①李家治主编：《中国科学技术史·陶瓷卷》，科学出版社1998年版，第371页。

②同上。

十六　元青花瓷器上的文字

元青花瓷器上的文字，或者说元青花瓷器上的款，一直是研究者最感兴趣的课题，而元青花瓷器的认定，就是因为大维德基金会收藏的那对象耳瓶上的文字，给波普等外国学者提供了解读的依据，因此，完全有必要对元青花瓷器上的文字或者款作些研究。

有学者说，元青花瓷器上没有款。

什么是款？所谓款，一般就是指瓷器上的文字，广义的款还包括瓷器上的某些纹样图案。按照熊寥和熊微先生的说法，款包括纪年款、干支款、大明年造款、大清年制款、堂名款、宫殿名款、官字款、府名款、馆名款、斋名款、居名款、轩名款、书屋与室名款、山房名款、收藏人名款、赞颂款、佳器款、吉言款、供器款、陶艺家款、厂名款、若深珍藏款、窑名款、纹样款、方形纹样款、变体文字款、圆圈款、其他款识等28种。[1]这样的分法，细则细矣，但不免太繁复。实际上所谓瓷器上的款就是两类，一为文字款，一为纹样款。而文字款中包括有纪年款、地名款、制作款、人名款和吉语款；纹样款包括图案和纹饰。不能狭隘地把款理解为纪年的文字。对款的正确解读，有利于明白元青花瓷器上的款。元青花瓷器当然有款，不仅传世的瓷器上有款，更重要的出土的瓷器上也有款，而元青花瓷器上的款是历朝历代陶瓷上文字演变的必然结果。国家博物馆收藏的金大安二年“佛光普渡大安二年张泰造”洗，它上面的文字和元青花象耳瓶上的文字有异曲同工

图16-1 “佛光普渡大安二年张泰造”洗

的作用，都是佛教信徒制作供奉之用（图16-1）。这说明类似的文字或者说款，是有一定的历史渊源。

出土的元青花款最令人信服，就是一件四川雅安出土的青花“至正七年”铭双系盖罐（图16-2），上面的款明明白白写着它的制作年代，这也许是上海博物馆把一件并不起眼的青花小盖罐请到上海展出的原因。出土元青花瓷器上的文字不是孤例，在景德镇窑出土的瓷器中也发现了文字（图16-3），这件残钵上就有八思巴文字，而两件火照上也分别写有“头青”和“戴采”的文字。张浦生先生在2010年的一次关于元青花瓷器的讲座上，也出示了一件带有蒙文款的瓷片（图16-4），据张先生介绍，上面的文字是蒙文，意为“至正二年”，而瓷片上的苏来麻尼料特征尤为明显。在这里，我们已经见识了汉文款、蒙文款和八思巴文款，当然还有其他古代文字款。据黄薇和黄清华先生介绍，景德镇出土的15件早期元青花高圈足碗中有7件的外壁口沿处有一排青花文字，“这些早期元青花瓷器的文字经阿拉伯及波斯文文字专家曼丽嵇·白亚妮（Manijeh Bayani）女士和牛津大学伊斯兰陶瓷专家奥利弗·华特生（Oliver Watson）教授的解读，被确认为波斯文字。”“可以肯定这些文字为波斯四行诗。现

图16-2 元青花“至正七年”铭双系盖罐

图16-3　元青花钵（残）

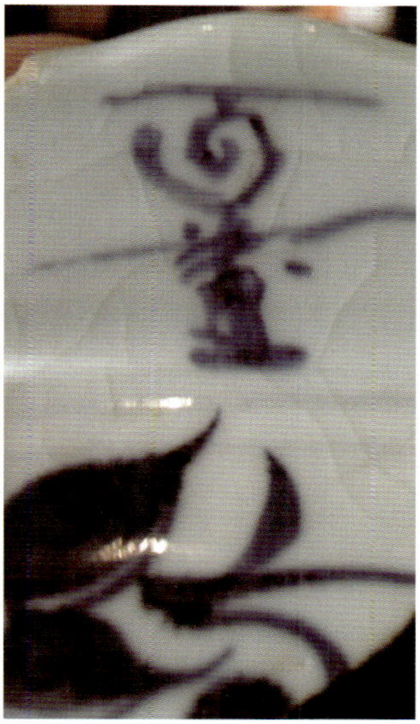

图16-4　“至正二年”蒙文款的元青花瓷片

将原文翻译如下：……掉进了酒杯里，百合花……落入水里，……心爱的人（或每一位喝醉的人）含情脉脉的眼睛，……已经醉了。诗句所表达的是波斯诗歌中常见的主题，即美酒与爱情。”②之所以详细介绍元青花瓷器上波斯文诗歌，是因为这些文字和宋代磁州窑上经常出现的我国古代诗歌有异曲同工的妙处，是我国元代艺人传承陶瓷传统的最好注脚，即使在出口瓷器中，这种传承也得到了很好的体现。江苏镇江金坛县窖藏出土的元青花云龙纹罐（图16-5），上面有阿拉伯文回历714年（1314年）文字。

图16-5　元青花云龙纹罐

从以上被公认的元青花瓷器或瓷片上，已经出现了汉文、蒙文、八思巴文、波斯文和阿拉伯文。据一位收藏爱好者，全国航模技术委员会副主任李仁达先生介绍：在民间收藏的元青花瓷器上，有的文字经蒙古国专家解读，还有古畏兀儿文字，我们且不论畏兀儿文字的真伪，目前存世的元青花瓷器上至少有五种文字，它们出现在元青花瓷器上的方式和部位各不相同，多是以青花或反青花绘制的方式书写在瓷器上。

伊朗馆藏的元青花鳜鱼纹大盘（图16-6），它没有在中国展出过，在盘心的鳜鱼身上有一个明显的“春”字（图16-7）。以春为铭的瓷器装饰，也明显出现在明洪武年间的瓷器上（图16-8），它们之间的传承关联是不言而喻的。

有的元青花瓷器上出现较多的铭文，最出名的当属大维德基金会收藏的象耳瓶，许多学者对此作过大量的研究，这里不再一一赘述。江西省博物馆藏元青花釉里红堆塑人物楼阁式谷仓（图16-9），

图16-6　元青花鳜鱼纹大盘

图16-7　鳜鱼身上有一个明显的“春”字（局部）

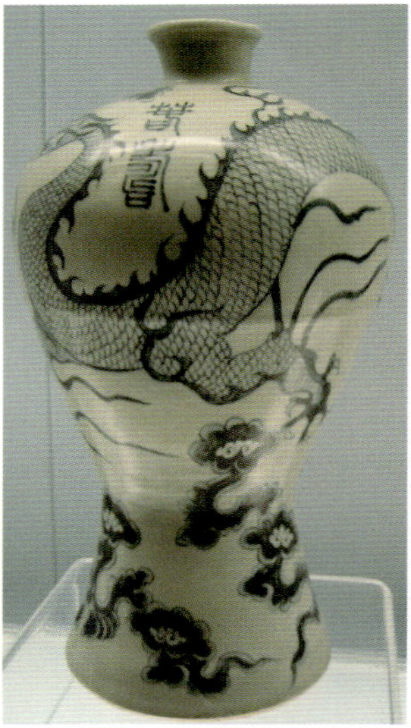

图16-8洪武景德镇窑青花云龙纹“春寿”铭文梅瓶

图16-9　元青花釉里红堆塑人物楼阁式谷仓

正面青花书写对联一副："禾黍丰而仓禀实，子孙盛而福禄崇。"横批为："南山宝象庄五谷之仓"。左右两侧壁分别以釉里红书写"凌氏墓用"和"五谷仓所"。背面底层正中以青花书写159字墓志铭："夫人，故景德镇长芗书院山长凌颖山之孙女也。生而贤明，长而周淑。适同镇扬州路召伯大使刘文史口炳文悉居仁都胡同，知女孙女璧珪。夫人生于前至元癸巳年二月初九日戌时，殁于后至元戊寅五月二十三日申时，享寿四十六岁。以戊寅六月壬寅之吉安葬于南山。坐巳向亥，大江阳朝中峙葬。麓形如抚椅，龙盘虎踞，山清水秀，火星宗庙，梅花单于六秀八茸件件帽合。后日田连阡陌，朱紫盈门。谨记。"把大维德基金会收藏的象耳瓶上的61或62字铭文与这件有159字铭文的谷仓相比，真可谓小巫见大巫了。

不论是青花象耳瓶还是青花釉里红谷仓，它们的铭文记载的都不是达官贵人的生平事迹，都是当时名不见经传的普通人物的行为或生平，显然，这类元青花瓷器，当时是作为商品生产而供人定制购买的。对于这样的瓷器和它上面的文字，我们不应该把视线仅仅关注在这些文字所注明的年代，从而证实元青花瓷器的客观存在，作出至正型元青花瓷器或者至元型元青花瓷器的标型学分类，而应该拓宽视野，对这些文字的社会学、民俗学和历史学内涵作出全新的解读，这样才能真正理解和读懂元青花瓷器。

这些瓷器和铭文告诉我们：

第一，元青花瓷器既是日用瓷，也是墓葬品。它可以供奉神仙，也可以侍候亡灵。

第二，这两件瓷器说明了我国元代民间宗教信仰的多元化，无论是“星源祖殿胡净一元帅打供”还是“龙盘虎踞”的描述，都是这种多元化的最好注脚。

第三，作为供器，象耳瓶是我国礼制文化延续的象征。在元代，礼仪活动已经在民间普及，不再是贵族阶层独享的祭祀权利，只不过供奉器已经改变成普通的瓷器，从象耳瓶的制作来看，它当时并不是一件十分珍贵的瓷器，明显为民间人士定制的民窑瓷器。作为冥器，谷仓更是一件制作粗率的民窑瓷器，从其文字的青花发色可见一斑，文字浓淡不一，之所以现在把它视作珍宝，不过是它存在的年份和存世数量的问题，而瓷器谷仓的出现更是隋唐石刻墓志铭的简化。礼仪的延续和简化，使得民间这类活动的普遍性导致适应这种普遍性的商品生产的普及。

第四，不仅象耳瓶和谷仓是商品，更多的带文字的元青花瓷器也证实了它们不过是普通的商品。如江西高安元青花诗句缠枝花卉纹高足杯（图16-11），其上的草书：“人生百年长在醉，算来三万六千场。”有人说字写得气韵生动，颇具名家风范，但只要看过实物，无论是器物的造型还是书写的字体，其实都不过是当时的普通商品而已。

图16-11　元青花诗句缠枝花卉纹高足杯

有元青花瓷器上既有青花书写的文字或款，也有凿刻的文字和款（图16-12），还有如印章般的款（图16-13），它们都是元青花瓷器历史的见证。

文字和款的多样性，它包括了文字的多国性和瓷器上文字的多种出现方式。这本身说明元代社会的开放

图16-12　伊朗馆藏元青花梅瓶上凿刻的款（局部）

图16-13　伊朗馆藏元青花梅瓶底足部的印章款（局部）

和文化交流的频繁和延续，这种频繁和交流，不仅体现在多种文化之间的交流，也体现在上下层社会的交流。任何以狭隘的汉民族视野解读元青花瓷器上的文字，都不可能真正理解和解读它们的内在涵义。

①熊廖、熊微：《历代陶瓷款识大典》，上海文化出版社2000年版。

②黄薇、黄清华：《元青花瓷器早期类型的新发现——从实证角度论元青花瓷器的起源》，载《文物》2012年第11期。

十七 元青花瓷器奥秘的解读

元青花瓷器研究作为中国陶瓷的显学，其研究的对象曾经是湮没多时的古代艺术品，却因为一件元青花鬼谷子下山图罐，2005年在伦敦佳士德举行的“中国瓷器及艺术品”拍卖会上，以1400万英镑的价格成交（折合人民币2.3亿多元），当时创造了中国艺术品的最高价位，引起了国内文博界和收藏界的广泛注意，从此元青花成为我国陶瓷界甚至社会各个阶层讨论和争议最为激烈的古代釉下彩瓷器。

元青花瓷器当然珍贵，在世界陶瓷史上，有着其他陶瓷无可比拟的重要地位。一是因为元青花瓷器的烧制成功，使得青花成为后世独占鳌头的陶瓷品种；二是元青花瓷器的出现，使中西方文化交流有了一个为社会各阶层都可以接触的媒介；三是元青花瓷器的出现是在一个特定的历史时期，当时入主中原的统治者是蒙古民族，而由于其统治时期的短促，又使元青花瓷器负荷了不应该由它承载的历史使命，无数个历史谜团，使现代学者如痴如醉地讨论元青花和当时的历史进程。而元青花鬼谷子下山图罐天价的出现，更使元青花瓷器的地位陡升。

元青花瓷器充满谜团，它的身世、产地、流传、围绕它的人物、它所用的釉料、彩料、胎料，它的纹饰、底足、火石红和价格等，隐藏着众多的奥秘，而孙瀛洲、冯先铭、刘新园、耿宝昌、张浦生、许明、马未都、霍布逊、波普等名家学者对这些谜团的解答，又引起了更为广泛的关注和争议。

元青花瓷器的奥秘在哪里?

最好的解答在元青花本身。

我们试图通过公认的馆藏元青花瓷器来解读这些奥秘。不过，在寻找和解答这些奥秘的过程中，如果仅仅局限于讨论元青花瓷器的真伪，把立足点放在器物学的研究中，那就会显得十分肤浅。只有在元代历史文化的大背景中探索元青花瓷器的奥秘，我们才能得到更好的答案。

下面我们就来看看元青花有那些基本的奥秘。

1.第一件被认定的元青花瓷器是“假”的

世界上第一对被认定的元青花瓷器，即英国大维德基金会收藏的元青花象耳瓶（图17-1），它现在陈列在大英博物馆。20世纪的20年代，当它出现在国内文物市场上时，见到它的中国专家学者或古玩商大多数说是“假的”！然而，英国大维德基金会收藏了这对元青花象耳瓶。英国人霍布逊和美国人波普研究了它。1929年，英国人霍布逊在杂志上最先发文《明以前的青花瓷》，介绍这两件罕为人知的元青花象耳瓶；1952年美国弗利尔艺术馆的中国古陶瓷学者约翰·波普博士在研究了土耳其托普卡比宫收藏的元代瓷器后，将这一类瓷器命名为中国“至正型”青花瓷，并先后据此写下了两本著作——《14世纪青花瓷器：伊斯坦布尔托普卡比所藏一组中国瓷器》和《阿德比尔神殿收藏的中国瓷器》。这两本书与霍布逊教授的著作一样，先于包括中国在

图17-1　元青花象耳瓶

图17-2　元青花象耳瓶上的文字(局部)

内的世界各国瓷学界，开创了系统性研究元青花瓷器的先河。两位最早研究元青花瓷器的外国人，确立了这一对象耳瓶为至正期元青花瓷器标准器的地位（图17-2）。

我们不能把这对象耳瓶的认定，简单地看作是器物真伪的鉴别这么一件小事。这两位外国人所作的研究，是对中国陶瓷史空白的填补，象耳瓶外流本身就是中外文明交流的一种继续，而这种交流产生的研究，证实这样一个道理，即学术的无国界和学术的世界性。

2. 吴赉熙是奸商吗？

元青花龙纹象耳瓶的外流已经和吴赉熙这个名字牵扯到一起。孙瀛洲先生1966年在《谈元明清瓷器的鉴定》中说“这一对瓶子原是北京东城智化寺的供器，可惜四十年前已经被不法奸商盗卖到国外了。”①谁流失的？孙先生没有说。耿宝昌先生在1995年发表的《元代青花瓷器鉴定》中说：“1929年被闽籍旅英华侨吴赉熙运销到英国的青花云龙象耳瓶原系北京智化寺的供器。”他说得对不对？恐怕有些失实。首先在时间上不对。海外档案记载，1927年这一对瓶就已经注入英国；而孙瀛洲的陈述也不支持耿宝昌的说法，孙在1965年回忆瓶是在四十年前流出。因此，应为1927年前流出是正确的。其次，在人物定性上耿宝昌先生比较谨慎，而孙瀛洲先生的提法恐怕值得商榷。吴赉熙原籍广东潮安，新加坡爱国华侨，家境富裕，不是古董商，“五四运动”中向“巴黎和会”的请愿书即出自其手，抗战时期他动员海外华侨募捐，积极投身抗日救亡运动，去世后捐献给国家500多件瓷器和数百卷书画。②

问题不在于象耳瓶是谁外流的，也不在于吴赉熙这个历史人物的定

位。问题在于，如果缺乏统一的评判体系，谁都可能把一件模棱两可的国之重器带出国门。这已经在相当一部分文博系统的专家中形成了一个十分尴尬的局面，即不敢给一件古玩文物开出真的证明，也不敢给这件文物开出假的证明。事情就是这样荒唐到没有真也没有假的地步。

3.元青花只有三百件吗？

在元青花研究中，最令人啼笑皆非的命门，居然是它的存世数量。“元青花只有300件”，成了不少学者专家津津乐道的课题，成了元青花研究的阿喀琉斯之踵。反对者和赞成者都以攻克和保护这个命门为己任，仿佛破了这个阿喀琉斯之踵，元青花研究的顽固堡垒就会轰然倒下。

谁说元青花只有300件？

吴树先生在《谁在收藏中国》中认为，说元青花只有300件的定论是留英博士蒋奇栖在1993—1996年调查国外博物馆所藏元青花瓷器后作出的，[3]并说，在蒋作出上述结论后不久，“在江西省的高安县、九江县、河北保定、北京元大都等地，都出土了不少非常精美的元青花瓷器”。

此说，吴先生有两处错误，首先，蒋先生在我国文博界的地位，还不足以以个人的调查来影响整个文博界。此说应当另有其人。

关于300件之说，最权威的说法是在在1994年出版的《中国陶瓷》一书上，冯先铭先生认为：“总计国内、国外的全部收藏品在内，元青花瓷器的总数大致在300件以上。”[4]仔细阅读冯先铭先生的这段话，读者一定会明白，冯先生并没有作出“元青花瓷器只有300件”的‘结论’”。虽然冯先生在这里说的是“全部收藏品”，但他用的是“大致”这样的不确定性词汇，更为关键的是，他在300件数量后又加上了两个字“以上”。如果是300件“以下”，那么，“全世界的元青花只有300多件”这种说法，还有一定的“权威性（当然，权威的提法，也还是有商榷的可能）”，而“以上”这两个字，稍微有点我国文字知识的人就知道，它指的数字应该超过300件，当然，我们绝不应该理解为数字的上限是无穷大，那显然也违背冯先铭先生的本意，显然，冯先生的本意也是一个比较接近300件的数字，关键是他并没有把话说死。

此书出版于1994年，结论的形成应该早于1994年，显然比蒋博士的调查要早。凭冯先生在我国陶瓷界的声望，他足以影响全体。问题是冯先生讲得比较谨慎，而其他人却把思维定势化了。

其次，吴先生说，蒋博士的300件结论后，我国在高安等地又出土了一些元青花，这是作者不熟悉我国文物的基本情况造成的常识性错误。高安的元青花出土于1980年11月29日，河北保定的元青花发掘于1964年5月，北京元大都的元青花窑藏发掘于1970年，这些青花器出土的时候，恐怕蒋博士还在读小学，甚至还在幼年。

叙述这个过程，无非是说，300件说影响了几代陶瓷人，不把它的源头搞清楚，恐怕不利于我们理清思路。

在肯定和否定300件说的代表人物中，南京博物院的张浦生先生是肯定方的代表人物，他多次在有关会议上苦口婆心地呼吁300件说的正确性，希望藏家不要再奢望收藏元青花；而反对方的代表人物是上海社会科学院的博士研究员许明先生，他对采访他的香港凤凰卫视明确表明在世的元青花有15000件。有意思，1和50之比。

其实300件的数字绝不是阿喀琉斯之踵，而是西西弗斯的滚石！善良的冯先铭先生在做出约300件元青花的结论时，绝对不会想到，这个数字如魔咒一样，会永远地罩住他的徒子徒孙，也罩住他的反对者。这个僵化的数字像孙悟空的紧箍咒，使得不少研究者在它面前不敢越雷池一步。

我们走自己的路，让愿意像西西弗斯一样的人去推石上山吧。我们根本不会和有些人去争论所谓的300件问题，我们很清楚，这个世界是变化的，世界的空间和时间都在运动着，只要是真正的元青花，有一件算一件！

在民间和主流文博界的争论中，双方的阵营在不断变化着。一开始，当然是主流占据着话语权，说民间有元青花存在的收藏爱好者往往被耻笑，就绝大多数收藏爱好者来说，自己也不相信会收藏到元青花。随着时间的推移，随着元青花知识的逐渐普及，随着媒体的开放，特别是互联网的出现，使民间收藏爱好者有了说话的地方，有了“聚啸山林”的场所，一些志同道合者就可以共同讨论他们所认识的元青花。最重要的是，大规模的基本建设，大规模的高速公路建设、大规模的水利建设、大规模的房地产开发，有多少地皮被翻了个底朝天，这是中国历史上最大规模的动土，它发生于20世纪的90年代下半期至今的日子里。十多年来，有多少祖宗埋在地下的宝贝重见天日，有多少祖宗沉入水底的宝贝露出水面。这些我们过去不能看到和摸到的宝贝，活生生地放在有心收藏的爱好者面前，享受着曾经拥有过的荣耀和尊重。

在这种对垒中，有个很奇怪的现象，非文博系统的学者和专家往往站在民间收藏家一边，他们中不乏德高望重的大学问家，有社会科学家和自然科学家，这些收藏者根本不是从经济的角度来思考手中藏品的价值取向，他们往往都是在收藏之余考虑把自己的藏品捐献给国家。他们藏品的命运，往往透露出他们的无奈，在学问上和学术地位上比他们差得远的某些文博界的专家，总是否定他们的藏品的真实性。不少这样的学者，也愤而投入到收藏品的研究之中，他们的加入，因为他们的学术水平，因为他们的声望，使得有关元青花的争论更为热闹，影响更为广泛，研究更为深入，而学术层次也越来越高。作者就碰到过中央党校的高级教授、社科院的高级研究者、国家相关科研单位的总工程师等等，他们的参与使对垒的两军力量有了明显的变化，更重要的是他们的研究带来了一股清新之风，特别是他们对科技实验的重视几乎抓住了古代文物鉴定的命门，也是个别文博系统专家的命门。

于是，许明先生在官方和民间的支持下，成为我国唯一进入土耳其和伊朗博物馆库房的取经者，成了一个现代唐僧，更应该是现代孙悟空。他所带回的资料，使国人对元青花的认识有了一个新的提高，以至故宫研究员叶蓓兰先生也在自己的文章中引用了许明先生的观点。作为对垒两军的领军人物，这种学术之间的相互影响是学术讨论健康进行的条件。

由此可见，元青花的数字之争，实际上是学术话语权之争。我们要说的是，元青花瓷器只有300件其实只是一个传说，没有人真正认真统计过这个数字，我国国内现存的可以移动的文物数量，从来没有认真统计过。到现在为此，没有一个业内的权威人士一件一件列出他所统计的元青花瓷器。因此，300件元青花瓷器或者说400件元青花瓷器只是一个传说，当不得真。当然，所谓15000件元青花瓷器也只是一个传说而已。可惜的是，在过去的岁月里，真把数字的传说当回事了。

4.明初毁过元青花吗？

元青花瓷器少而珍贵，其中一个重要的原因据说是因为明初毁过元青花。得出这个结论的个别人士，被“文革”时期的恶梦萦绕，想当然地认为明代因推翻元朝而建立，它必然会毁灭带有元代记忆的器物。

这是对历史的误读！

我们在明代的文献中找不到这样的记载，恰恰相反，我们在明初善终的著名将领的墓中都发现了元青花瓷器。这些人的下葬都是公开而官方的，比如汤和、沐英和宋晟，他们的墓中都陪葬了元青花。

1973年蚌埠市汤和墓出土的元青花缠枝牡丹纹带盖大罐（图17-3），分别参加了安徽博物馆、首都博物馆和上海博物馆的展览。此器整个器面被青花纹饰复盖，繁而不乱，为典型的元青花绘画风格。盖面、口沿和底足部，绘有辅助纹饰，分别为莲瓣纹、卷草纹、钱纹、海水纹、火焰间隔杂宝纹和弦纹等。其主体纹饰为牡丹纹。此器造型雄浑，图纹繁缛，色泽浓艳。

图17-3　元青花缠枝牡丹纹带盖大罐

汤和是明史上有名的人物，也是

图17-4　南京郎家山宋晟墓出土的元青花鸳鸯纹大碗

一个在洪武年间得以善终的人物。此器的出土，带来了翔实的历史信息：首先，元青花大器是官宦人家的用品；其次，在明初并不禁止元青花的使用。也就是说，元青花在明初仍在流传。这一点，对于理解元青花的传承，有着十分重要的意义。

再看著名的元青花萧何月下追韩信梅瓶，它出土于江宁县牛首山的洪武二十五年（1392年）沐英墓中。还有宋晟墓出土的元青花鸳鸯纹大碗（图17-4），宋晟(1342—1407)为明初名将，卒于永乐五年七月。在这件公开下葬和公开出土的元青花碗上，可以看出两个时代交替时纹饰的传承关系。菊花纹是明洪武时期最喜用的一种瓷器纹饰，在这件元青花碗上我们所见的菊花纹，和明洪武时期的菊花纹略有不同却似曾相识，可见明洪武时期的绘画纹饰是继承了元代的风格。

具体的纹饰特征是瓷器鉴定真伪的重要依据，我们要强调的是，朝代更替中艺术风格的传承和演变，而非决裂和破坏。

5.元青花瓷器都是精品吗?

因为元青花拍出的高价,在相当一部分收藏者和投资者心中产生一种习惯的认识——元青花瓷器都是精品。

事实上这是一种错觉,元青花瓷器有不少普品,这是因为元青花瓷器仅仅是一种商品瓷,而不是人们想象中的官窑瓷。我们知道,最精彩的元青花瓷器是张文进定制的!张文进是谁?请看象耳瓶上的铭文:

信州路玉山县顺城鄉德教里
荆塘社奉圣弟子张文进喜舍
香炉花瓶一付祈保合家清吉子女
平安
至正十一年四月良辰谨记
星源祖殿胡净一元帅打供

有学者查遍了《玉山县志》、《江西通志》、《浮梁县志》《饶州府志》,均未记载张文进其人。可见他的身分并不显贵,也无功名,但是,他向寺庙供奉这样一对大瓶,应该是富裕的地方人士。⑤为许愿而供奉的这类瓷器毫无疑问是订做的商品瓷。

再来研究其他出土元青花瓷器的主人。2006年出土于安徽省芜湖县的元青花龙纹玉壶春瓶(图17-5)。其出土时也没有相关的资料伴随,我们也就不能了解这件元青花的主人,可以设想的是,它的主人也一定不会是名门望族,因为这不是一个留下记载的大墓,或者引起轰动的窑藏。这样一件普通的元青花瓷器,再一次告诉我

图17-5　元青花龙纹玉壶春瓶

们，元青花瓷器多数出自于普通人家。

1977年出土安庆市出土的元青花菱口盆（图17-6）和元青花匜（图17-7）因不见同时出土的有关文字资料，其主人在当时，也应该名不见经传。

图17-6　元青花菱口盆

图17-7　元青花匜

1998年太湖县牛镇阮氏墓出土的元青花花卉纹执壶（图17-8），器型完整，整个器身线条流畅，给人一种赏心悦目的动感，实是一件不可多得的珍品。我们不知道阮氏家族的情况，但是他们在墓葬中随葬了这样一件元青花精品，显然也不是贫穷之家。如果不是官宦人家，也应该是一个殷富人家。如果是后者，又给我们带来了这样的历史信息，元青花在当时，并没有使用的限制，它只是一种普通的商品，只要有钱，就能买到精品的元青花瓷器作为家庭的陈设用品。

图17-8　元青花花卉纹执壶

1998年太湖县牛镇阮氏家族出土的墓葬品元青花鸟纹盏与托（图17-9），凤纹托和花纹盏，青花发色浓艳，有明显的苏麻离青料黑斑。盏中的花叶，已经由葫芦状向飞燕状过渡，再加上托中所绘的菊花纹，可以对我们思考元青花和明洪武时期的纹饰特征有不小的帮助。这套盏托，应该是元代富贵人家待客的用具，十分精致。如前所述，这样的元青花瓷器也应该是当时用钱就能买到的商品。

濉溪县临涣镇至正十三年孙氏家族墓出土的元青花花卉纹盘（图17-10）、1984年安徽青阳县出土的元青花玉兔纹带座供瓶（图17-11）、1998年安徽繁昌新港元镇元代窑藏出土的元青花孔雀纹大罐（图17-12）、1970年北京旧鼓楼大街元代窑藏出土的元青花龙纹碗（图17-13），所有这些出土于不知名墓地或平民百姓墓地的元青花瓷器，都明白无误地告诉研究者，元青花瓷器在当时只要有钱就能买到！

由此可见，元青花是商品瓷，其中有精品，更有不少普品。

图17-9　元青花鸟纹盏与托

图17-10　元青花花卉纹盘

图17-11　元青花玉兔纹带座供瓶

图17-12　元青花孔雀纹大罐

图17-13　元青花龙纹碗

6.元青花都是外销瓷吗?

元青花瓷器究竟是用于外销还是内供?在当时的珍贵程度又是如何?也就是说,元青花在当时的产量大不大?元青花究竟是只有皇室才可使用,或者达官贵人才可使用,平民百姓能不能使用?诸如此类的许多问题,用传统的研究方式恐怕不能全面解答这些问题。

前文以出土墓葬为依据,证实了元青花实际上是商品瓷。在幅员辽阔的元代,元青花瓷器面对着广大的市场,并不是仅仅以外销为主。在对传世和出土的元青花瓷器作一番梳理后,也可以证实,元青花的各种器型中,大盘以外销为主,而匜和高足杯则以内销为主。

伊朗国家博物馆曾经多次将所藏的元青花瓷器送展中国,2007年送开封展出3件、2008年送北京展出6件,其中元青花大盘有6件,占送展品的66.7%。而在上海博物馆的元青花瓷器大展中,伊朗也送了大盘。从伊朗和土耳其现存的元青花瓷器来看，大盘都占了不少比例，实物证据告诉研究者，这些大盘是根据西域的饮食习惯而制作的器型，当时主要用于出口（图17-14、图17-15、图17-16）。

图17-14　元青花大盘

图17-15　元青花大盘

图17-16　元青花大盘

图17-17 安徽出土的元青花高足杯

图17-18 林西县出土的高足杯

安徽、萍乡、内蒙等地出土品中的匜和高足杯（图17-17、图17-18），在国外的传世器中基本没有发现，因此这类带有浓郁传统风格的器型，应该主要面向国内市场。

讨论元青花瓷器的市场，不仅要呼应它的商品瓷性质，更是想说明元代的重商政策对元青花真伪研究的意义。

7.元青花瓷器真伪之争

本书所作的元青花瓷器统计的数据，也许有些学者会不以为然，其实却是传世和出土实物证明的事实真相。离开对实物本身的研究，任何结论都不会可靠。

这就是本书对元青花瓷器的另类研究，它能否解开众多的元青花瓷器之谜，还需要更多的实物支持和理论探索。

从象耳瓶的最初被否定到成为标准器，从鬼谷子的天价引起的元青花瓷器热，从萧何月下追韩信图梅瓶的年代争论，从海捞元青花瓷器的出水，引起元青花瓷器的市场和价位争论，从出土元青花瓷器造成的主人追溯……这些围绕着元青花瓷器真伪的争论，其中包含着什么值得探索的课题呢？

有的民间藏家愤慨地认为这是经济利益和话语权之争，因为谁掌握了话语权，谁就可以掌握元青花瓷器真伪的生杀大权。民间收藏界最反感一些所谓的“专家”动辄判断民间藏品的生死。他们也反感把这样的鉴定权限交给外国人，他们更反感以收藏的价格和包装来鉴定瓷器的真伪。可悲的是，在最近召开的一次民间元青花瓷的研讨会上，举办者也郑重宣布了两条：

> 一个细节请注意——带来这次会议的待展品，没有正式的包装，无论你的器物多好，一律不予接受！！
>
> 还有一个重要的理由：所有展出器物，必须要让伊朗、蒙古的四位专家认识。
>
> 所以，这是一条不能越过的底线。

以上两条，实际上还是回到老路，一是把包装看成瓷器真伪的标准之一，二是把话语权交给外国人。

有的认为真伪之争是文博系统个别人士的小圈子对外的排斥，有的认为这是一些收藏元青花瓷器仿品的人借此造势出售假货，有的认为一些所谓的民间研究者企图以此出名。抛开这些我们已经十分熟悉的对立双方的观念，如果用文化人类学的视野来解读这些匪夷所思的现象，也许能使我们心平气和地找到结论。

说到底，这是文化认同和文化传播的争论。

我们现在见到的馆藏的出土的以及公认的私人收藏（如香港天民楼）的元青花瓷器，是已经通过市场或者权威认可强化的元青花瓷器，它已经被作为元青花瓷器的标准来进行解读。然而，元青花瓷器的丰富性、复杂性和独特性就在于，无论元代还是现代，哪怕在它不被人所知的明清两代，它都曾面临着被尊崇、被误读、被赞美、被曲解的命运。特别是一些国内陶瓷学界的权威，在英国人霍布逊和美国人波普研究之后，急于在理论上树立自身的权威，对元青花瓷器的推崇和神化，在很长时间里垄断了几乎所有传播方式对元青花瓷器的想像和描述。因此，我们对元青花瓷器的了解，一般说来，只能凭借那些经权威左右的文博主流意识形态等有色眼镜过滤后给予我们的事实和观点，它们直接影响到元青花瓷器在我们心中的面貌，左右着社会大众对元青花瓷器的认识。

然而，随着元青花瓷器的不断出土出水，近年来又出现了矫枉过正的现象，有些热衷于颠覆历史结论喜欢搞大搞多元青花瓷器的爱好者，往往喜欢做惊人之论，把一件一件元青花瓷器推上前台。他们的所谓发现，不仅给了大众足够多的信息，也给了大众足够多的混乱。这样看来，一方面，人们对元青花瓷器的想象离元青花瓷器的真相很可能越来越远，而另一方面，人们探求元青花瓷器真相的愿望必然也会越来越强烈。

一次又一次的元青花瓷器研讨会，你方唱罢我又上场，互不来往，互不服气，主流文博界的人士没有肚量邀请民间人士参加自己主办的研讨会，也不愿参加非官方的研讨会，唯恐被业内耻笑。民间收藏界的人士又千方百计地邀请主流文博界的人士与会，一旦某个系统内的专家参加民间会议，一定会被奉为上宾。在我们手上有各种版本的元青花瓷器研讨会的论文结集，谁都想被社会认同，谁都想被民众认可，而现在可能谁都不能说服谁。在普通大众中，可能都认同主流的意见，而在收藏大众中，可能更倾向于非主流的意见，这种文化认同中的相互排斥，是导致元青花瓷器研究滞止不前的重要原因。

这种文化认同的排斥，又强烈地反映在文化传播过程中，对立的双方都在争取传媒的介入。而现代社会传媒的开放性，又增大了文化传播过程中的复杂性和诡异性。而争议的双方都有传媒人士的加入，甚至在这种应该是纯粹学术争论的场合，出现了“钩鱼执法”的可笑事情。

所谓“钓鱼执法”，即某些新闻从业人员，把自己认为假的文物，在市场上购得后，送给他们不认可的专家鉴定，如果专家认为是真的，他们就通过媒体曝光并质疑专家的资质。我们不讨论这类事件中文物的真伪，不讨论这些专家的资质，也不判断这类事件中双方的是非曲直，我们想说的是，这类事件本身就是极好的文化认同和文化传播的案例。

首先，“假文物”的购买者，自己就有了十分明确的文化认同，即市场上买的“文物”基本上是假的，特别是低价购进的“文物”一定是假的。

其次，他要把这种认同传播为大众认同，就需要一个新闻事件，来传播自己的认同，从而让大众通过这个事件来认同个人的认同。一旦“专家”

真的认同他们所送鉴的古玩为真的文物时，新闻事件就可以制造出来，并通过媒体让大众认同他们对这些“专家”的否定。

这种通过制造新闻事件来进行文化传播并达到文化认同的方法，实质上是以西文所谓“狗咬人不是新闻，人咬狗才是新闻”的理念所进行的操作。这类事件引起的法律纠纷已经不止一次。

而在这样的文化传播引出的文化认同案例中，电视是比纸质媒体更为有力更为有效更为有劲，可以说“得电视者得天下”。一些电视上的“鉴宝节目”之所以得到普通受众的认同，就是因为电视这种媒体在传播过程中，受众几乎是被动地接受，一些被遥控器左右业余生活的受众，是最容易在电视传播过程中，不知不觉地被动地认同电视所传播的“事实”和结论。

文化认同和文化传播的命题也许是元青花研究中最大的奥秘！

在元青花瓷器的研究中，我们不希望“钓鱼执法”这种文化认同在文化传播过程中出现。遗憾的是，这类现象已经成为一些元青花研究者津津乐道的不二法门。

学术就是学术，任何其他的方式都无助于学术的进步。真理不是靠新闻制造出来的，真理是事实的本来面目，它只能贡献给真正在科学道路上不畏艰险攀登的人士。仅仅依靠传播来取得的文化认同，只能左右一时的舆论，而不能左右真理！

---

①孙瀛洲：《孙瀛洲陶瓷研究与鉴定》，紫禁城出版社2008年版。

②摘自黄清华、黄薇：《至正十一年铭青花云龙瓶考》，《文物》2010年第4期。

③吴树：《谁在收藏中国》，山西人民出版社2008年版。

④冯先铭：《中国陶瓷》，上海古籍出版社1994年版。

⑤摘自黄清华、黄薇：《至正十一年铭青花云龙瓶考》，《文物》2010年第4期。

参考书目

1.中国硅酸盐学会主编:《中国陶瓷史》,文物出版社1987年版。

2.《中国科技史·陶瓷卷》,科学出版社1998年版。

3.冯先铭主编:《中国陶瓷》,上海古籍出版社1994年版。

4.中国陶瓷全集编辑委员会编,《中国陶瓷全集·元(下)》,上海人民美术出版社2000年版。

5.耿宝昌:《明清瓷器鉴定(明代部分)》,中华书局香港分局1984年版。

6.刘新园:《景德镇明御窑厂故址出土永乐、宣德官窑瓷器之研究》,香港市政局1989年版

7.许明:《土耳其、伊朗馆藏元青花考察亲历记》,上海人民出版社2008年版。

8.Garner H.: The useof lmported and native Cobalt in Chinese Blue and White,Oriental Arts,1956(2).

9.John Carswell: *Blue&White Chnese Porcelain Around The World*, The British Museum Press。

10.程全德编著:《阿拉伯图案艺术》,宁夏人民出版社2004年版。

11.陈尧成、郭演仪、陈虹:《中国元代青花钴料来源探讨》,《中国陶瓷》,1993(5)。

12.河南省巩义市文物保护管理所:《黄冶唐三彩窑》,科学出版社2000年版。

13.叶蓓兰:《元代瓷器》,九洲图书出版社1998年版。

14.张英:《元代青花与五彩瓷器》,辽宁画报出版社2000年1版。

15.哈里·加纳,叶文程、罗立华译:《东方的青花瓷器》,上海人民美术出版社1992年版。

16.马希桂,《中国青花瓷》,上海古籍出版社1999年版。

17.故宫博物院古陶瓷研究中心:《故宫博物院八十华诞古陶瓷国际学术研讨会论文集》,紫禁城出版社2007年版。

18.许明主编:《中国元瓷·元代瓷器国际学术研讨会(上海·2006)》,上海社会科学院出版社2007年版。

19.草千里,《元明青花瓷器鉴定》,中国盲文出版社2002年版。

20.黄云鹏主编:《元青花研究·景德镇元青花国际学术研讨会论文集》,上海辞书出版社2006年版。

21.陈永志主编:《内蒙古集宁路古城遗址出土瓷器》,文物出版社2004年版。

22.刘金成主编:《高安元代窖藏瓷器》，朝华出版社2006年版。

23.《北京文物鉴赏编委会》编:《元代瓷器》，北京美术摄影出版社2005年版。

24.赵青云:《河南陶瓷史》，紫禁城出版社1993年版。

25.叶文程、林忠干:《福建陶瓷》，福建人民出版社1993年版。

26.耿宝昌主编，《故宫博物院藏明初青花瓷·上册》，紫禁城出版社2003年版。

27.吕章生主编，《中国国家博物馆馆藏文物研究丛书·瓷器卷·明代》，上海古籍出版社2007版。

28.熊廖、熊微:《中国陶瓷古籍集成》，上海文化出版社2006年版。

29.熊廖、熊微，《历代陶瓷款识大典》，上海文化出版社2000年版。

30.三上次男著、李锡经等译《陶瓷之路》，文物出版社1984年版。

31.傅振伦，《中国古陶瓷论丛》，中国广播电视出版社1994年版。

32.张野波，《遗留南洋之中国古代瓷器》，Mutual Leisure S/B(577596-T)。

33.马金鹏译，《伊本·白图泰游记》，宁夏人民出版社2005年版。

34.陈万里，《陈万里陶瓷研究与鉴定》，紫禁城出版社2008年版。

35.宁志超、李佶，《中国早期青花瓷史鉴》，上海三联书店2008年版。

36.宁志超、李佶，《物华天宝——元代瓷器社会历史文化成医探析》，人民出版社2007年版。

37.朱裕平:《元代青花瓷》，文汇出版社2000年版。

38.田助忠:《元青花与釉里红瓷》，社会科学文献出版社2004年版。

39.康拉德·菲得普科塔克著，熊茜超、陈诗译《简明文化人类学:人类之镜》，上海社会科学院出版社2011年版。

40.吴树:《谁在拍卖中国》，山西人民出版社2010年版。

41.陈逸民、陈莺，《元代青花瓷器的呈色奥秘》，上海大学出版社2010年版。

42.《文物》、《考古》、《上海博物馆集刊》、《鉴赏家》、《收藏》、《收藏家》、《文物鉴定与鉴赏》。《典藏》等期刊。

43.《辞海》，上海辞书出版社2009版。

附录一　元代青花瓷器的分布表[①]

中国

序号	省、直辖市、自治区、特区	数量（件）	总数（件）
1	安徽	21	168
2	北京	33	
3	甘肃	4	
4	广东	2	
5	河北	3	
6	河南	1	
7	湖北	5	
8	湖南	3	
9	江苏	8	
10	江西	34	
11	天津	1	
12	辽宁	3	
13	内蒙	14	
14	宁夏	1	
15	青海	1	
16	山东	3	
17	山西	1	
18	陕西	2	
19	上海	16	
20	四川	3	
21	香港	6	
22	新疆	2	
23	浙江	1	

外国

序号	国别	数量（件）	总数（件）
1	俄罗斯	1	64
2	法国	3	
3	美国	3	
4	日本	5	
5	土耳其	12	
6	伊朗	22	
7	英国	18	

① 根据笔者拍摄的232件元代青花瓷器所统计。

附录二　国内馆藏元代青花瓷器一览表[①]

省、市、自治区、特区	器型	收藏单位	来源	款或出土纪年	数量	备注
安徽	青花缠枝牡丹纹带盖大罐☆	安徽省博物馆	1973年蚌埠市汤和墓出土	墓志：洪武二十八年	1	《文物》1972年第2期
安徽	青花孔雀纹盖罐☆	安徽繁昌	1998年繁昌新港元镇元代窑藏出土		1	《中国文物报》2000年9月20日
安徽	青花龙纹玉壶春瓶☆	安徽省博物馆	2006年芜湖县出土		1	安徽省博物馆50周年庆展出
安徽	青花人物纹玉壶春瓶☆	海齐阁收藏	征集		1	安徽省博物馆50周年庆展出
安徽	青花缠枝纹象耳瓶陈波收藏☆	安徽省博物馆	征集		1	安徽省博物馆50周年庆展出
安徽	青花玉兔纹带座供瓶☆	青阳县	1984年青阳县庙前镇出土		2	《中国陶瓷全集·元（下）》上海人民美术出版社（下略）
安徽	青花花卉执壶☆	安徽省博物馆	1998年太湖县牛镇阮氏墓出土		1	安徽省博物馆50周年庆展出

① 表中带有☆号的器件，可参见附录三图片。

续表

安徽	青花高足杯	歙县	窑藏		1	《文物》1988年第5期
安徽	青龙纹高足杯☆	安徽省博物馆	1998年繁昌新港元镇元代窑藏出土		4	安徽省博物馆50周年庆展出
安徽	青花莲花纹菱花口盘☆	安徽省博物馆	1977年安庆市出土		1	《中国陶瓷全集·元(下)》
安徽	青花花卉纹盘☆	安徽省博物馆	濉溪县临涣镇至正13年孙氏家族墓出土		1	安徽省博物馆50周年庆展出
安徽	青花花鸟纹盏与托☆	安徽省博物馆	1998年太湖县牛镇阮氏墓出土		1	安徽省博物馆50周年庆展出
安徽	青花托盏	安徽繁昌	1998年繁昌新港元镇元代窑藏出土		13	《中国文物报》2000年9月20日
安徽	青花花卉纹匜☆	安徽省博物馆	1977年安庆市出土		1	《中国陶瓷全集·元(下)》
安徽	青花束莲纹瓷盒☆	海齐阁收藏	征集		1	安徽省博物馆50周年庆展出
安徽	蓝釉三足炉☆	安徽繁昌	1998年繁昌新港元镇元代窑藏出土		1	陈列
安徽	蓝釉胆瓶☆	安徽繁昌	1998年繁昌新港元镇元代窑藏出土		1	陈列
安徽省总33件：罐2件，玉壶春瓶2件，象耳瓶1件，带座供瓶2件，执壶1件，高足杯5件，盘2件，盏托14件，匜1件，盒1件，蓝釉2件。						
北京	元青花釉里红镂雕盖罐☆	故宫博物院	1965年保定窑藏出土		1	故宫博物院陈列
北京	青花牡丹龙纹尊	故宫博物院	征集		1	《故宫博物院藏文物珍品大系·青花釉里红》
北京	青花牡丹双龙纹罐☆	故宫博物院	征集		1	《故宫博物院藏文物珍品大系·青花釉里红》

续表

北京	青花鱼藻纹罐	故宫博物院	征集		1	《故宫博物院藏文物珍品大系·青花釉里红》
北京	青花缠枝牡丹纹罐☆	故宫博物院	征集		1	《故宫博物院藏文物珍品大系·青花釉里红》
北京	青花鸳鸯荷花纹花口大盘☆	故宫博物院			1	《故宫博物院藏文物珍品大系·青花釉里红》
北京	青花飞凤麒麟纹花口盘☆	故宫博物院			1	《故宫博物院藏文物珍品大系·青花釉里红》
北京	蓝釉白龙纹盘☆	故宫博物院			1	故宫博物院陈列
北京	青花八卦纹筒形香炉☆		征集		1	《故宫博物院藏文物珍品大系·青花釉里红》
北京	青花凤穿牡丹纹执壶☆		征集		1	《故宫博物院藏文物珍品大系·青花釉里红》
北京	青花折枝花纹鼎☆		征集		1	故宫博物院陈列
北京	青花云龙纹梅瓶☆		征集		1	《故宫博物院藏文物珍品大系·青花釉里红》
北京	青花海水白龙纹梅瓶☆	故宫博物院	1965年保定窖藏出土		1	《故宫博物院藏文物珍品大系·青花釉里红》
北京	青花云龙纹高足杯	故宫博物院	征集		1	《故宫博物院藏文物珍品大系·青花釉里红》

续表

北京	蓝釉描金折枝花朵云纹匜☆				1	故宫博物院陈列
北京市故宫总数15件：罐4件，盘3件，梅瓶2件，炉1件，执壶1件，鼎1件，尊1件，高足杯1件，匜1件。						
北京	青花云龙纹大罐☆	中国国家博物馆			1	陈列
北京	青花缠枝牡丹如意天马纹兽耳罐☆	中国国家博物馆			1	陈列
北京	青花芭蕉竹石纹大盘☆	中国国家博物馆			1	陈列
北京	青花缠枝葡萄纹十二棱大盘☆	中国国家博物馆			1	陈列
北京	青花折枝牡丹纹梅瓶（残）☆	中国国家博物馆			1	陈列
北京	青花束莲卷草纹匜☆	中国国家博物馆			1	《中国陶瓷全集·元(下)》
北京	青花云龙纹玉壶春瓶☆	中国国家博物馆			1	陈列
北京	青花缠枝牡丹纹罐☆	中国国家博物馆			1	陈列
北京	青花蕉叶纹觚☆	中国国家博物馆			1	陈列
北京市中国国家博物馆总数9件：罐3件，盘2件，梅瓶1件，匜1件，玉壶春瓶1件，觚1件。						
北京	青花昭君出塞大罐☆	首都博物馆	国外征集		1	安徽省博物馆50周年庆展出
北京	青花松竹梅纹葵口盘☆	首都博物馆	出土		1	《元代瓷器》北京美术摄影出版社（下略）
北京	蓝釉白龙纹梅瓶	首都博物馆	出土		1	《元代瓷器》

续表

北京	青花鸳鸯戏水玉壶春瓶☆	首都博物馆			1	《中国陶瓷全集·元（下）》
北京	青花凤首扁壶☆	首都博物馆	北京西城窖藏出土		1	《元代瓷器》
北京	青花束莲纹梨式壶☆	首都博物馆	出土		1	《元代瓷器》
北京	青花龙纹碗☆	首都博物馆	出土		1	《元代瓷器》
北京	青花龙纹碗☆	首都博物馆	出土		1	《元代瓷器》
北京	青花花卉纹盏托☆	首都博物馆	旧鼓楼大街豁口窖藏		一对4件	《考古》1972年第1期
北京	青花蕉叶纹觚☆	首都博物馆	元大都北城垣城墙基下元代文化层遗址出土		一对2件	《元代瓷器》、《考古》1972年第6期
北京	青花雕塑婴戏鸟食罐☆	首都博物馆	出土		1	陈列
北京	青花仰莲纹匜☆	首都博物馆			1	《中国陶瓷全集·元（下）》
北京	青花釉里红花卉纹玉壶春瓶☆	首都博物馆			1	陈列

北京市首都博物馆总数17件：罐1件，盘1件，梅瓶1件，玉壶春瓶2件，扁壶1件，梨式壶1件，碗2件，盏托4件，觚2件，鸟食罐1件，匜1件。

北京	青花钵	德胜门	墓葬		1	《文物》1973年第7期
北京	青花双兔盘	北京文物商店	征集		1	《文物》1985年第5期

北京市总数43件：罐8件，盘7件，梅瓶4件，玉壶春瓶3件，扁壶1件，梨式壶1件，执壶1件，高足杯1件，尊1件，碗2件。盏托4件，鼎1件，觚3件，鸟食罐1件，钵1件，炉1件，匜3件。

续表

广东	青花梅纹蒜头瓶☆	广东省博物馆	征集		1	《文物》1980年第5期
广东	青花束莲纹匜				1	
广东	青花瓣口盘				1	
广东	青花玉壶春瓶				1	
广东	青花船形水注	广州文物总店	征集		1	《中国文物精华》文物出版社
广东	青花花卉纹小罐☆	广东省博物馆	征集		1	展出
广东省总数6件：盘1件，玉壶春瓶1件，蒜头瓶1件，水注1件，匜1件，小罐1件。						
广西	青花罐	广西横县	基建		1	《文物》1993年第11期
广西壮族自治区总数1件 ：罐1件。						
河北	青花釉里红开光镂花大罐	保定	1964年保定永华南路窖藏		1	《文物》1965年第2期（注：出土时为一对，一件入藏故宫）
河北	青花海水龙纹带盖八棱梅瓶☆	保定	1965年保定永华南路窖藏		1	《文物》1965年第2期（注：出土时为一对，一件入藏故宫）
河北	青花狮球纹八棱玉壶春瓶☆	保定	1965年保定永华南路窖藏		1	《文物》1965年第2期
河北	青花八棱执壶☆	保定	1965年保定永华南路窖藏		1	《文物》1965年第2期
河北	青花杯	定兴县	窖藏		1	《文物》1973年第7期
河北	青花梅月纹高足碗	定兴县	窖藏		1	《文物》1986年第1期
河北	青花龙纹盘	围场县博物馆	围场半截塔乡什巴克村墓出土		1	《中国陶瓷全集·元(下)》

续表

河北省总数7件：罐1件，盘1件，梅瓶1件，八棱玉壶春瓶1件，八棱执壶1件，青花杯1件，高足碗1件。						
河南	青花龙纹玉壶春瓶☆		征集		1	陈列
河南省总数1件：玉壶春瓶1件。						
甘肃	青花莲池鸳鸯纹玉壶春瓶☆	临洮县博物馆	出土		1	陈列
甘肃	青花双凤纹匜☆	临洮县博物馆	出土		1	陈列
甘肃	青花昭君出塞图高足杯☆	临洮县博物馆	出土		1	陈列
甘肃	青花莲池鸳鸯纹碗☆	临洮县博物馆	出土		1	陈列
甘肃省总数4件：碗1件，玉壶春瓶1件，匜1件，高足杯1件。						
江西	青花菊纹折枝牡丹高足杯	高安市博物馆	1980年12月29日基建工地窖藏出土		1	《高安元代窖藏瓷器》
江西	青花菊纹高足杯	高安市博物馆	1980年12月29日基建工地窖藏出土		1	《高安元代窖藏瓷器》
江西	青花“岁寒三友”一束莲纹高足杯	高安市博物馆	1980年12月29日基建工地窖藏出土		1	《高安元代窖藏瓷器》
江西	青花菊纹诗文高足杯	高安市博物馆	1980年12月29日基建工地窖藏出土		1	《高安元代窖藏瓷器》
江西	青花缠枝菊一束莲纹高足杯☆	高安市博物馆	1980年12月29日基建工地窖藏出土		1	《高安元代窖藏瓷器》
江西	青花“岁寒三友”莲纹高足杯	高安市博物馆	1980年12月29日基建工地窖藏出土		1	《高安元代窖藏瓷器》

续表

江西	青花缠枝花卉一束莲纹高足杯	高安市博物馆	1980年基建工地窖藏出土		1	《高安元代窖藏瓷器》
江西	青花一束莲纹高足杯	高安市博物馆	1980年基建工地窖藏出土		1	《高安元代窖藏瓷器》
江西	青花“岁寒三友”菊纹高足杯	高安市博物馆	1980年基建工地窖藏出土		1	《高安元代窖藏瓷器》
江西	青花菊纹高足杯	高安市博物馆	1980年基建工地窖藏出土		1	《高安元代窖藏瓷器》
江西	青花云龙纹兽耳盖罐☆	高安市博物馆	1980年基建工地窖藏出土		1	《高安元代窖藏瓷器》
江西	青花云龙纹荷叶盖罐☆	高安市博物馆	1980年基建工地窖藏出土		1	《高安元代窖藏瓷器》
江西	青花云龙纹荷叶盖罐	高安市博物馆	1980年基建工地窖藏出土		1	《高安元代窖藏瓷器》
江西	青花云龙纹带盖梅瓶	高安市博物馆	1980年基建工地窖藏出土		1	《高安元代窖藏瓷器》
江西	青花缠枝牡丹如意云肩纹带盖梅瓶	高安市博物馆	1980年基建工地窖藏出土		1	《高安元代窖藏瓷器》
江西	青花云龙纹带盖梅瓶☆	高安市博物馆	1980年基建工地窖藏出土		1	《高安元代窖藏瓷器》
江西	青花云龙纹带盖梅瓶	高安市博物馆	1980年基建工地窖藏出土		1	《高安元代窖藏瓷器》
江西	青花缠枝牡丹如意云肩纹带盖梅瓶	高安市博物馆	1980年基建工地窖藏出土		1	《高安元代窖藏瓷器》
江西	青花云龙纹带盖梅瓶	高安市博物馆	1980年基建工地窖藏出土		1	《高安元代窖藏瓷器》
江西	青花蕉叶纹觚	高安市博物馆	1980年基建工地窖藏出土		1	《高安元代窖藏瓷器》
江西省高安市博物馆总数20件：罐3件，高足杯10件，梅瓶6件，觚1件。						
江西	青花松竹梅纹长颈瓶☆	江西省博物馆	鄱阳县征集		1	江西省博物馆陈列
江西	青花云龙纹带座梅瓶☆	江西省博物馆	鄱阳县出土		1	《中国陶瓷全集·元(下)》

续表

江西	青花莲池鸳鸯纹带座梅瓶☆	江西省博物馆	鄱阳县出土		1	《中国陶瓷全集·元(下)》
江西	青花牡丹纹塔式盖瓶	九江市博物馆			1	《中国陶瓷全集·元(下)》
江西	青花双耳连座香炉	九江市博物馆			1	《中国陶瓷全集·元(下)》
江西	青花龙纹玉壶春瓶☆	江西省博物馆	南昌市征集		1	《江西元明清青花瓷》
江西	青花莲纹匜☆	江西省博物馆	征集		1	《江西元明清青花瓷》
江西	青花釉里红堆塑楼阁式谷仓☆	江西省博物馆	1974年景德镇出土		1	《中国陶瓷全集·元(下)》
江西	青花釉里红堆塑四灵塔式盖罐☆	江西省博物馆	1974年景德镇出土		1	《中国陶瓷全集·元(下)》
江西	青花缠枝菊纹带座蒜头瓶☆	景德镇	馆藏		2	《江西历史文物》1983年第4期
江西	青花缠枝菊纹狮纽盖三足炉☆	景德镇	馆藏		2	《江西历史文物》1983年第4期
江西	青花淡描云龙纹花口盘☆	景德镇考古所	出土		1	展出
江西	青花莲池纹花口盘☆	景德镇考古所	出土		1	展出
江西	青花菊纹鸟食罐☆	景德镇考古所	出土		1	展出
江西	青花莲池鸳鸯纹高足碗☆	景德镇考古所	出土		1	陈列
江西	青花八思巴文钵☆	景德镇考古所	出土		1	陈列
江西	青花云龙纹砚盒☆	景德镇考古所	出土		1	陈列
江西	青花云龙纹盖罐☆	景德镇考古所	出土		1	陈列
江西	青花缠枝灵芝纹罐	景德镇	馆藏	铭文：戊子年□□	1	《江西历史文物》1983年第4期
江西	青花缠枝牡丹纹梅瓶☆	景德镇	馆藏		1	陈列

续表

江西	青花釉里红兔纹玉壶春瓶	乐平市	征集		1	《江西历史文物》1983年第4期
江西	青花八棱玉壶春瓶	德安县	征集		1	《江西历史文物》1984年第1期
江西	青花菊花纹连座炉	萍乡市	窑藏		1	《江西历史文物》1986年第1期
江西	青花带座梅瓶☆	萍乡市	窑藏		2	《江西历史文物》1986年第1期
江西	青花盏	萍乡市	窑藏		5	《江西历史文物》1986年第1期
江西	青花兔纹匜☆	萍乡市	窑藏		1	《江西历史文物》1986年第1期
江西	青花飞凤纹高足杯☆	萍乡市	窑藏		1	《江西历史文物》1986年第1期
江西	青花玉壶春瓶	上饶市	墓葬		1	《江西历史文物》1990年第2期
江西	青花人物故事玉壶春瓶☆	上饶市	墓葬		1	《江西历史文物》1990年第2期
江西	青花玉壶春瓶	江西文物店	征集		1	《江西历史文物》1990年第2期
江西	青花盏	江西文物店	征集		1	《江西历史文物》1990年第2期
江西	青花小罐	婺源博物馆	（征集）		1	《婺源博物馆藏品集粹》
江西	青花五爪龙纹盖罐☆	江西省考古研究所	出土		1	首都博物馆展出
江西	青花人物图罐☆	黄云鹏个人收藏			1	北京展出

续表

江西	青花龙纹 玉壶春瓶☆	黄云鹏 个人收藏			1	北京展出
江西省总数45件：小罐3件，塔式盖罐1件，塔式盖瓶1件，梅瓶1件，带座梅瓶4件，带座蒜头瓶2件，玉壶春瓶7件，长颈瓶1件，三足炉2件，带座炉2件，高足杯1件，匜2件，盏6件，砚盒1件，堆塑楼阁式谷仓1件，火照2件，大盘2件，钵1件，罐1件，高足碗1件，盖罐2件，瓶1件。						
江苏	青花牡丹纹 梅瓶☆	南京江宁 县宋晟墓	墓葬		1	《考古》 1960年第9期
江苏	青花鸳鸯纹 大碗☆	南京江宁 县宋晟墓	墓葬	永乐 十六年	1	《考古》 1962年第9期
江苏	青花高足碗	南京市 汪兴祖墓	墓葬	洪武 四年	1	《考古》 1972年第4期
江苏	青花云龙纹 罐☆	镇江 博物馆	1966金坛县窖藏	同出银盘有阿拉伯文纪年	1	《中国陶瓷全集·元（下）》
江苏	青花梅月纹高足杯	镇江 博物馆	丹徒县窖藏		6	《文物》 1982年第2期
江苏	青花松竹纹 高足杯	镇江 博物馆	丹徒县窖藏			《文物》 1982年第2期
江苏	青花龙纹梅瓶	句容市 博物馆	1985年句容房家坝窖藏		1	《中国陶瓷全集·元(下)》
江苏	青花龙纹梅瓶	句容市 博物馆	1985年句容 房家坝窖藏		1	
江苏	青花龙纹荷叶盖罐	句容市 博物馆	1985句容 房家坝窖藏		1	《中国陶瓷全集·元(下)》
江苏	青花盖罐	淮安市	墓葬	成化 六年	1	《文物》 1991年第7期
江苏	青花蒜头瓶	扬州	基建		2	
江苏	蓝釉白龙纹 梅瓶☆	扬州 博物馆	征集		1	陈列
江苏	青花龙纹 兽耳罐☆	扬州 博物馆	拍卖征集		1	
江苏	青花萧何月下 追韩信梅瓶☆	南京市 博物馆	江宁县沐英墓 出土		1	《中国陶瓷全集·元(下)》
江苏	青花束莲纹 盖盒	溧水县 博物馆	基建工地 窖藏出土		1	

续表

江苏	蓝釉梅瓶☆	南京市博物馆			1	陈列
江苏	青花牡丹纹碗☆	南京市博物馆			1	陈列
江苏	青花龙纹高足杯☆	南京市博物馆			1	陈列
江苏省总数22件：罐3件，荷叶盖罐1件，梅瓶6件，蒜头瓶2件，大碗1件，高足杯7件，高足碗1件，盖盒1件。						
辽宁	青花缠枝花卉纹梨形壶☆	辽宁省博物馆	征集		1	首都博物馆展出
辽宁	青花缠枝花纹盘☆				1	首都博物馆展出
辽宁	青花开光松竹梅纹八棱罐☆	辽宁省博物馆	征集		1	首都博物馆展出
辽宁	青花龙纹高足杯	辽宁省博物馆			1	《中国陶瓷全集·元(下)》
辽宁省总数4件：罐1件，盘1件，梨式壶1件，高足杯1件。						
内蒙古	青花龙纹高足杯☆	赤峰市	松山区关家营子乡窖藏出土		5	《中国陶瓷全集·元(下)》
内蒙古	青花缠枝牡丹纹罐	内蒙古自治区博物馆藏	1979包头燕家梁征集		1	《中国陶瓷全集·元(下)》
内蒙古	青花鸳鸯戏荷图盘☆	林西县	林西县繁荣乡元墓出土		2	《中国陶瓷全集·元(下)》
内蒙古	青花龙纹小盘☆	林西县			1	陈列
内蒙古	青花高足杯☆	林西县			3	陈列
内蒙古	青花扁壶☆	林西县			1	陈列
内蒙古	青花云龙高足杯☆	集宁路	窖藏		5	《内蒙古集宁路古城遗址出土瓷器》文物出版社

续表

内蒙古	青花杯	集宁路	窖藏		1	《内蒙古集宁路古城遗址出土瓷器》文物出版社
内蒙古	青花龙纹高足杯	乌兰浩特博物馆	乌兰浩特高郊窖藏出土		1	《中国陶瓷全集·元(下)》
内蒙古	青花兽纹碗	乌兰浩特博物馆	乌兰浩特市郊窖藏出土		1	《中国陶瓷全集·元(下)》
内蒙古	青花飞凤纹玉壶春瓶☆	通辽市博物馆	库伦旗出土		1	陈列
内蒙古	青花折枝牡丹纹梨形执壶☆	乌兰察布盟察右前旗土城子古城	窖藏		1	首都博物馆展出
内蒙古	青花荷塘鸳鸯纹碗☆	包头文管处			1	陈列
内蒙古	青花寿字款高足杯☆	包头文管处			1	陈列
内蒙古	青花花卉纹高足杯☆	翁牛特旗			1	陈列
内蒙古自治区总数26件：罐1件，小盘3件，高足杯16件，杯1件，扁壶1件，梨式壶1件，玉壶春瓶1件，碗1件。						
宁夏	青花牡丹纹小罐☆	宁夏影城博物馆	出土		1	展出
宁夏回族自治区总数1件：小罐1件。						
青海	青花缠枝牡丹纹器座☆	青海省博物馆	馆藏		1	上海博物馆展出
青海省总数1件：器座1件。						
上海	青花缠枝牡丹纹梅瓶☆				1	上海博物馆展出
上海	青花缠枝牡丹纹罐☆				1	上海博物馆展出
上海	缠枝牡丹纹梅瓶☆				1	上海博物馆展出

续表

上海	青花缠枝牡丹云肩纹梅瓶☆				1	上海博物馆展出
上海	青花莲池鸳鸯纹套盒☆	上海博物馆	印尼征集		1	上海博物馆展出
上海	青花缠枝牡丹凤穿花卉纹兽耳罐☆	上海博物馆	馆藏		1	上海博物馆展出
上海	青花串枝菊花纹双系罐☆	上海博物馆	馆藏		1	上海博物馆展出
上海	青花串枝菊花纹双系罐☆	上海博物馆	馆藏		1	上海博物馆展出
上海	青花串枝菊花纹小罐☆		菲律宾高图亚可捐赠		1	上海博物馆展出
上海	青花串枝菊花纹碗☆	上海博物馆	馆藏		1	上海博物馆展出
上海	青花串枝菊花纹小罐☆	上海博物馆	馆藏		1	上海博物馆展出
上海	青花串枝菊花纹折腰碗☆	上海博物馆	馆藏		1	上海博物馆展出
上海	青花串枝菊花纹执壶☆	上海博物馆	馆藏		1	上海博物馆展出
上海	青花蕉叶瓜果竹石印花缠枝牡丹纹菱口盘☆	上海博物馆	馆藏		1	上海博物馆展出
上海	青花莲池杂宝纹莲瓣形盘☆	上海博物馆	馆藏		1	上海博物馆展出
上海	青花云龙纹高足杯☆	上海博物馆	馆藏		1	上海博物馆展出
上海博物馆总数16件：罐2件，盘2件，梅瓶4件，高足杯1件，碗2件，执壶1件，小罐4件。						
四川	青白瓷盖罐（青花款）☆	雅安市	1996年窖藏	款：至正七年年置	1	上海博物馆展出
四川	青花双环象耳瓶	三台县	基建		1	《文物》1998年第10期
四川	青花三足鼎式炉	三台县	基建		1	《文物》1998年第10期

续表

四川	青花梅瓶	三台县	基建		1	《文物》1998年第10期
四川	青花海水花卉纹八棱玉壶春瓶☆	成都华通博物馆	征集		1	陈列
四川	青花花卉纹玉壶春瓶☆	成都华通博物馆	征集		1	陈列
四川省总数6件：盖罐1件，梅瓶1件，象耳瓶1件，鼎式炉1件，玉壶春瓶2件。						
香港	青花缠枝莲纹碗☆	香港艺术博物馆	征集		1	陈列
香港	青花花鸟纹玉壶春瓶☆		征集		1	陈列
香港	青花马纹玉壶春瓶☆		征集		1	陈列
香港	青花贴龙纹双耳觚☆		征集		1	陈列
香港	青花缠枝牡丹纹梅瓶☆	罗桂祥茶艺馆	征集		1	陈列
香港	青花缠枝牡丹纹带盖梅瓶	天民楼	征集		1	《中国陶瓷全集·元(下)》
香港	青花缠枝菊纹荷叶盖罐	天民楼	征集		1	《中国陶瓷全集·元(下)》
香港	青花鱼藻纹大罐	天民楼	征集		1	《中国陶瓷全集·元(下)》
香港	青花莲池纹大盘	天民楼	征集		1	《中国陶瓷全集·元(下)》
香港	青花芭蕉瓜竹花果纹大盘	天民楼	征集		1	《中国陶瓷全集·元(下)》
香港	青花缠枝莲花纹大盘	天民楼	征集		1	《中国陶瓷全集·元(下)》
香港	青花莲池鸳鸯垂柳纹盘	天民楼	征集		1	《中国陶瓷全集·元(下)》
香港	青花芭蕉瓜竹花果纹大盘	天民楼	征集		1	《中国陶瓷全集·元(下)》
香港	青花鱼藻纹大盘	天民楼	征集		1	《中国陶瓷全集·元(下)》

续表

香港	青花玉壶春瓶	天民楼	征集		1	《中国陶瓷全集·元(下)》
香港	青花山水人物图玉壶春瓶	天民楼	征集		1	《中国陶瓷全集·元(下)》
香港	青花八角形玉壶春瓶	天民楼	征集		1	《中国陶瓷全集·元(下)》
香港	青花云龙纹高竹节足碗	天民楼	征集		1	《中国陶瓷全集·元（下）》
香港	青花双耳三足炉	天民楼	征集		1	《中国陶瓷全集·元(下)》
香港	青花龙纹盖盒	天民楼	征集		1	《中国陶瓷全集·元(下)》
香港	青花鸳鸯纹匜	天民楼	征集		1	《中国陶瓷全集·元(下)》
香港	青花莲池鸳鸯纹碗	天民楼	征集		1	《中国陶瓷全集·元(下)》
香港	青花莲池纹碗	天民楼	征集		1	《中国陶瓷全集·元(下)》
香港	青花折枝花叶纹八棱玉壶春瓶	静乐轩	征集		1	《中国陶瓷全集·元(下)》
香港	青花折枝菊纹六角瓶	静乐轩	征集		1	《中国陶瓷全集·元(下)》
香港	青花缠枝菊纹双耳瓶	静乐轩	征集		1	《中国陶瓷全集·元(下)》
香港	青花天下太平高足杯	静乐轩	征集		1	《中国陶瓷全集·元(下)》
香港	青花云龙纹高竹节足杯	静乐轩	征集		1	《中国陶瓷全集·元(下)》

香港特区总数28件：罐2件，盘6件，梅瓶2件，玉壶春瓶6件，双耳瓶1件，碗3件，六角瓶1件，高足杯2件，高足碗1件，三足炉1件，觚1件，盖盒1件，匜1件。

陕西	青花象车人物罐	咸阳市长武县博物馆	旧藏			《收藏》
陕西	青花云龙纹罐☆	关中民俗博物馆	征集		1	陈列

续表

陕西	青花人物纹匜☆	西安市文物考古研究所	出土		1	陈列
陕西省总数1件：罐2件，匜1件。						
山东	青花菊花盏☆	青州	墓葬		1	首都博物馆展出
山东	青花龙纹玉壶春瓶☆	青州	墓葬		1	首都博物馆展出
山东	青花鹿纹盘☆	青州	墓葬		1	首都博物馆展出
山东	青花云龙纹罐	山东省博物馆藏	征集		1	《中国陶瓷全集·元(下)》
山东	青花龙纹梅瓶	荷泽	出水		1	山东博物馆展出
山东省总数5件：罐1件，盘1件，梅瓶1件，玉壶春瓶1件，盏1件。						
山西	青花牡丹纹罐☆	山西省博物馆	征集		1	陈列
山西省总数1件：罐1件。						
天津	青花盘	文管会文物商店	征集		1	《文物》1977年第1期
天津	青花缠枝牡丹纹兽耳罐☆	天津市博物馆	征集		1	陈列
天津市总数2件：罐1件，盘1件。						
湖北	青花莲花纹玉壶春瓶☆	黄梅县	出土		1	陈列
湖北	青花牡丹纹塔式盖罐☆	黄梅县	出土		1	陈列
湖北	青花龙纹梅瓶☆	钟祥市郢靖王墓	出土		1	陈列
湖北	青花四爱图梅瓶☆	湖北省博物馆	武汉市文物商店原藏（征集）		1	《中国陶瓷全集·元(下)》

湖北	青花人物纹玉壶春瓶☆	崇阳县			1	陈列
湖北省总数5件：罐1件，梅瓶2件，玉壶春瓶2件。						
湖南	青花双鱼纹盘☆	常德市	墓葬		2	《文物》1973年第7
湖南	青花莲塘双鱼纹折沿盘☆	湖南省博物馆	征集		2	《文物》1973年第12期
湖南	青花人物故事蒙恬将军玉壶春瓶☆	湖南省博物馆	征集		1	《中国陶瓷全集·元（下）》
湖南省总数5件：盘4件，玉壶春瓶1件。						
新疆	青花云凤纹高足大碗☆	霍城县	窖藏		1	《文物》1979年第8期
新疆	青花凤首流扁壶☆		征集		1	《中国文物报》1999年8月31日
新疆维吾尔自治区总数2件：扁壶1件，碗1件。						
浙江	青花山形笔架☆	杭州历史博物馆	窖藏		1	《文物》1989年第11期
浙江	青花西王母像	杭州市文物考古所藏	1978年郑氏墓葬出土		1	《中国陶瓷全集•元(下)》
浙江	青花西王母像	杭州市文物考古所	1978年杭州文山路出土		1	《中国陶瓷全集•元(下)》
浙江省总数3件：水盂1件，王母像2件。						
国内元代青花瓷器总数290件，分别为： 安徽33件，北京43件，广东6件，广西1件，河北7件，河南1件，甘肃4件，江西高安市博物馆20件、江西其余45件，江苏22件，辽宁4件，内蒙古26件，宁夏1件，青海1件，上海16件，四川6件，香港28件，陕西3件，天津2件，山东5件，山西1件，湖北5件，湖南5件，新疆2件，浙江3件。						

说明

1. 本表中所列的元代青花瓷器包括：青花、青花釉里红和蓝釉瓷器，也包括出土的残器。

2. 本表所列资料来自于博物馆展览（特别是2007年5月，安徽省博物馆成立50周年时的元代瓷器展、2009年3月，北京首都博物馆举办的“青花的记忆——元代青花瓷文化展”和2012年10月，上海博物馆举办的“幽蓝神采——元代青花瓷器大展”）。凡是公开长期展出的公共资料都尽量收集。

3. 本表部分资料参考上海人民美术出版社《中国陶瓷全集·元（下）》、《高安元代窖藏瓷器》、《元代瓷器》、《文物》、《考古》、《故宫博物院藏文物珍品大系·青花釉里红（上）》和吴水存《元代“延祐型”青花瓷器的研究》一文的附表。

4. 本表对疑似重复的元代青花瓷器都采取剔除的原则。

5. 本表对资料和展出时没有注明明确出处的一律视作征集品。

6. 本表按拼音字母字头次序排列省、直辖市、自治区、特别行政区。

7. 本表数字没有包括中国台湾地区的藏品。

8. 本表不可能包括国内博物馆的所有藏品。

附录三　元代青花瓷器参考图录

青花缠枝牡丹纹罐（中国国家博物馆藏）

青花釉里红镂雕盖罐（故宫博物院藏）

青花缠枝牡丹纹兽耳盖罐（安徽省蚌埠市明洪武二十八年汤和墓出土）

青花缠枝牡丹纹穿花花卉纹兽耳罐（上海博物馆藏）

青花缠枝牡丹纹罐(上海博物馆藏)

青花缠枝牡丹云龙纹罐(故宫博物院藏)

青花开光松竹梅纹八棱罐(辽宁省博物馆藏)

青花龙纹大罐(扬州博物馆藏)

青花龙纹罐（中国国家博物馆藏）

青花牡丹纹罐（故宫博物院藏）

青花云龙缠枝牡丹纹盖罐
（高安市博物馆藏）

青花云龙纹荷叶盖罐
（高安市博物馆藏）

青花昭君出塞大罐(首都博物馆藏)

青花昭君出塞图盖罐(日本出光美术馆藏)

青花牡丹纹罐（山西省博物馆藏）

青花鬼谷子下山图罐（英国ESKENAZI LTD.提供）

青花缠枝牡丹瑞兽纹双耳罐（伊朗国家博物馆藏）

青花孔雀牡丹纹罐（伊朗国家博物馆藏）

青花孔雀牡丹纹罐（大英博物馆藏）

青花牡丹瑞兽纹罐（伊朗国家博物馆藏）

青花凤纹兽耳罐（大英博物馆藏）

青花莲池鸳鸯纹罐（英国剑桥大学费茨威廉博物馆藏）

青花龙耳牡丹纹罐（大英博物馆藏）

青花釉里红镂雕罐（大英博物馆藏）

青花孔雀纹大罐(安徽繁昌新港元镇元代窑藏出土)

青花龙纹罐(陕西关中民俗博物馆藏)

青花牡丹天马纹罐（中国国家博物馆藏）

青花牡丹纹兽耳罐（法国吉美艺术馆藏）

青花鱼藻纹大罐（土耳其托普卡比宫藏）

青花鱼藻纹罐（日本大阪市立东洋陶瓷美术馆藏）

青花云肩云龙纹罐（美国
波士顿艺术博物馆藏）

青花五爪双龙赶珠纹盖罐（景德镇考古所藏）

青花釉里红堆塑四灵塔式盖罐
（江西省博物馆藏）

青花云龙纹罐（镇江市博物馆藏）

青花龙纹桶式盖罐(景德镇考古所藏)

青花人物图罐(黄云鹏藏北京展出)

青花至正七年铭双系盖罐
（四川雅安市博物馆藏）

青花牡丹纹小罐（宁夏影城博物馆藏）

青花串枝菊花纹双系小罐
（上海博物馆藏）

青花串枝菊花纹双系小罐
（上海博物馆藏）

青花缠枝牡丹纹兽耳瓶（天津博物馆藏）

青花串枝菊花纹双系小罐(上海博物馆藏)

青花串枝菊花纹小罐(上海博物馆藏)

青花花卉烛的小罐（广东省博物馆藏）

青花菊纹鸟食罐（景德镇考古所藏）

青花婴戏鸟食罐（首都博物馆藏）

青花缠枝牡丹纹梅瓶（上海博物馆藏）

青花缠枝牡丹纹梅瓶
（上海博物馆藏）

青花缠枝牡丹云肩纹梅瓶
（上海博物馆藏）

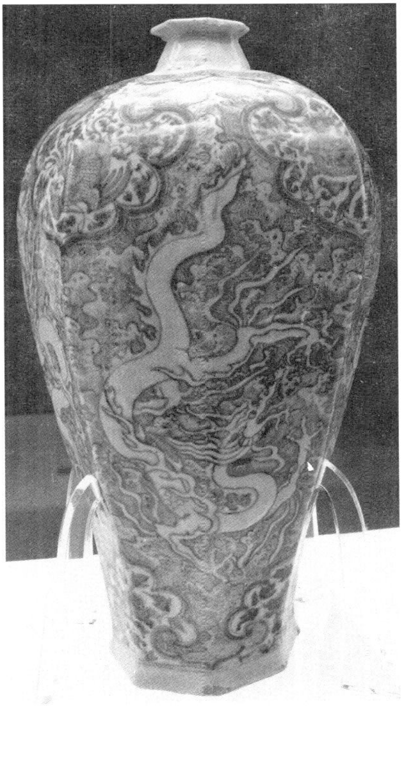

青花海水白龙纹八棱梅瓶
（故宫博物院藏）

青花缠枝花凤纹梅瓶（中国国家博物馆藏）

青花缠枝牡丹纹梅瓶（江西省景德镇陶馆藏）

青花萧何月下追韩信图梅瓶
（南京市博物馆藏）

青花云龙绞带盖梅瓶
（高安市博物馆藏）

青花云龙纹梅瓶（故宫博物院藏）

青花云龙纹梅瓶（湖北省博物馆藏）

蓝釉白龙纹梅瓶（扬州博物馆藏）

蓝釉白龙纹梅瓶（法国吉美艺术馆藏）

青花龙纹梅瓶（大英博物馆藏）

青花牡丹凤凰纹梅瓶（伊朗国家博物馆藏）

青花牡丹瑞兽纹梅瓶（伊朗国家博物馆藏）

青花牡丹纹梅瓶（土耳其托普卡比宫藏）

青花牡丹纹梅瓶（伊朗国家博物馆藏）

青花三顾茅庐图带盖梅瓶（美国波士顿艺术博物馆藏）

青花四爱图梅瓶(湖北省博物馆藏)

青花牡丹纹梅瓶(香港罗桂祥茶艺馆藏)

青花牡丹纹梅瓶（南京市博物馆藏）

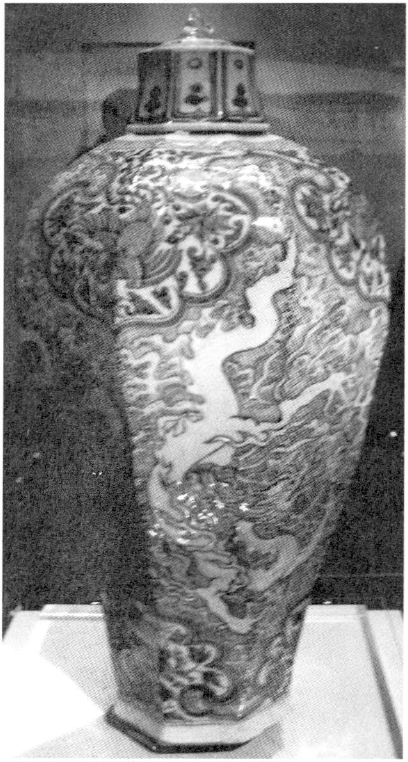

青花海水龙纹八棱带盖梅瓶（河北省博物馆藏）

青花带座梅瓶（江西省博物馆藏）

蓝釉梅瓶（南京市博物馆藏）

青花云龙纹象耳瓶1（英国大维德基金会藏）

青花云龙纹象耳瓶2（英国大维德基金会藏）

青花海水花卉纹八棱瓶（成都华通博物馆藏）

青花松竹梅纹长颈瓶（江西省博物馆藏）

青花松竹梅纹瓶（江西省博物馆藏）

青花牡丹纹葫芦瓶（伊朗国家博物馆藏）

青花花卉纹瓶（土耳其托普卡比宫藏）

青花开光花鸟水禽纹六棱瓶（英国剑桥大学费茨威廉博物馆藏）

青花牡丹纹塔式瓶(湖北省博物馆藏)

青花月梅纹蒜头瓶（广东省博物馆藏）

青花缠枝纹象耳瓶（残）（安徽省博物馆展陈波藏）

青花龙纹带座小口瓶（江西省博物馆藏）

青花带座缠枝菊蒜头瓶（江西省景德镇陶瓷馆藏）

青花梅花纹带座瓶1（江西萍乡博物馆藏）

青花梅花纹带座瓶2（江西萍乡博物馆藏）

青花玉兔纹带座供瓶1（安徽青阳县出土）

青花玉兔纹带座供瓶2（安徽青阳县出土）

蓝釉胆瓶（安徽省繁昌新港元镇元代窑藏出土）

青花莲花纹玉壶春瓶（湖北省博物馆藏）

青花双狮戏球纹八棱玉壶春瓶
（河北省博物馆藏）

青花蒙恬将军图玉壶春瓶
（湖南省博物馆藏）

青花鸳鸯卧莲纹玉壶春瓶
（首都博物馆藏）

青花釉里红花卉纹玉壶春瓶
（首都博物馆藏）

青花云龙纹玉壶春瓶（中国国家博物馆藏）

青花云龙纹玉壶春瓶（山东青州市博物馆藏）

青花花卉纹玉壶春瓶（成都华通博物馆）

青花凤穿牡丹纹玉壶春瓶（通辽博物馆藏）

青花莲池鸳鸯纹玉壶春瓶
（甘肃临洮县博物馆藏）

青花龙纹玉壶春瓶（河南博物馆藏，现定为明代瓷器）

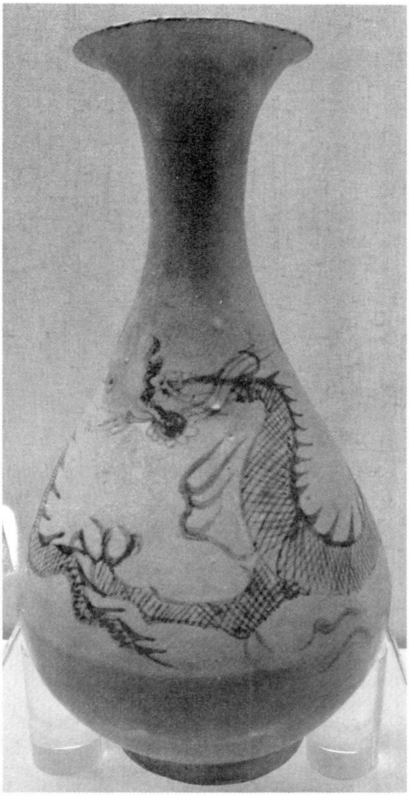

青花龙纹玉壶春瓶(江西省博物馆藏)

青花缠枝菊花纹玉壶春瓶
(大英博物馆藏)

青花花鸟纹玉壶春瓶
（香港艺术馆藏）

青花马纹玉壶春瓶
（香港艺术馆藏）

青花云肩水波莲花纹玉壶春瓶
（美国波士顿艺术博物馆藏）

青花龙纹玉
壶春瓶（残）
（黄云鹏藏
北京展出）

青花人物图玉壶春瓶（湖北
崇阳县博物馆藏）

青花人物图玉壶春瓶（江西上饶市博物馆藏）

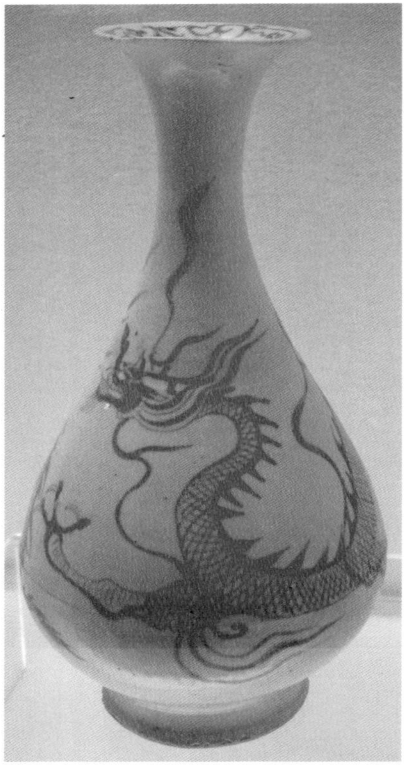

青花龙纹玉壶春瓶（安徽芜湖出土）

青花人物纹玉壶春瓶（残）（安徽博物馆展海齐阁藏）

青花莲池游鱼纹盘(湖南省博物馆藏)

青花莲池纹纹花口盘(景德镇考古所藏)

青花蕉叶瓜果竹石印花缠枝牡丹纹菱口盘（上海博物馆藏）

青花莲池杂宝纹莲瓣形盘（上海博物馆藏）

青花莲塘双鱼纹折沿沿圆口大盔（湖南省博物馆藏）

青花飞凤麒麟纹盘（故宫博物院藏）

青花瓜果蕉石纹盘(中国国家博物馆藏)

青花花卉纹盘(中国国家博物馆藏)

青花鸳鸯荷花“满池娇”纹花口盘(故宫博物院藏)

青花鸳鸯池塘纹小盘（内蒙古林西县窖藏出土）

青花鸳鸯纹小盘（内蒙林西县博物馆藏窖藏出土）

青地白花缠枝花卉纹菱口盘（大英博物馆藏）

青地白花凤凰穿花纹菱口盘（伊朗国家博物馆藏）

青地白花莲池水禽纹菱口盘（伊朗国家博物馆藏）

青花波涛龙纹盘（伊朗国家博物馆藏）

青花池塘鳜鱼纹盘（伊朗国家博物馆藏）

青花池塘莲花纹青地白花牡丹纹盘（伊朗国家博物馆藏）

青花池塘莲花印花盘（伊朗国家博物馆藏）

青花池塘莲花纹盘（伊朗国家博物馆藏）

青花瓜果蕉叶纹盘（伊朗国家博物馆藏）

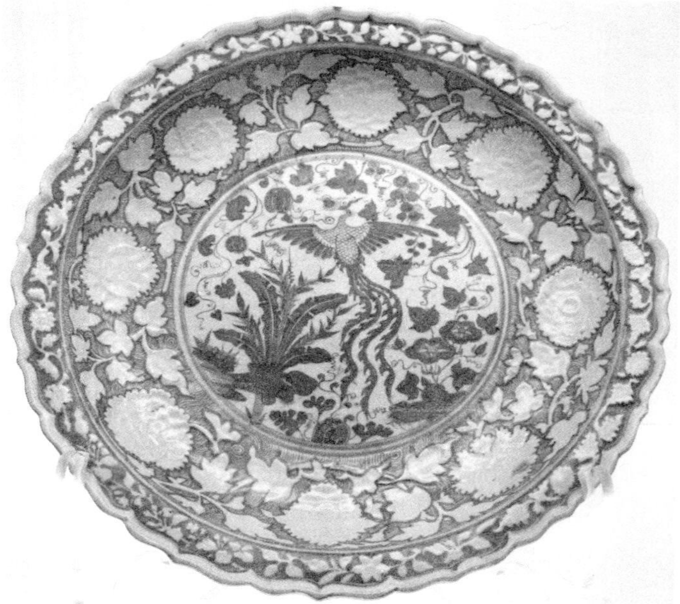

青花蕉叶瓜果飞凤纹菱口盘（伊朗国家博物馆藏）

青花莲池鸳鸯纹盘（伊朗国家博物馆藏）

青花花卉纹盘（伊朗国家博物馆藏）

蓝地白花龙纹菱口盘(伊朗国家博物馆藏)

蓝地白花花卉纹大盘(土耳其托普卡比宫藏)

蓝地白花双凤菊花纹大盘（土耳其托普卡比宫藏）

蓝地白花双凤纹大盘（土耳其托普卡比宫藏）

蓝地白花兔纹菱口大盘（土耳其托普卡比宫藏）

青花单凤纹折沿大盘（土耳其托普卡比宫藏）

青花瓜果蕉石纹大盘(土耳其托普卡比宫藏)

青花双凤纹大盘(土耳其托普卡比宫藏)

青花雉鸡竹石花果纹盘（英国维多利亚与阿尔伯特博物馆藏）

青花印花瓜果蕉叶纹大盘（大英博物馆藏）

青地白花如意花卉纹盆（英国维多利亚与阿尔伯特博物馆藏）

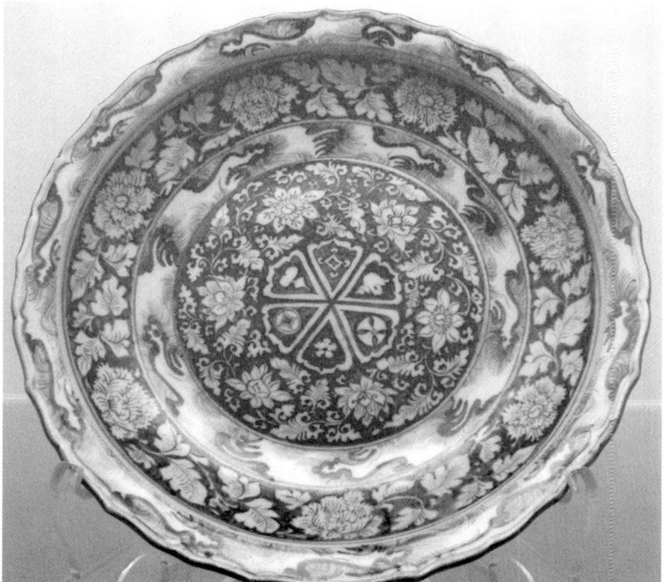

青地白花缠枝花卉纹菱口盘（日本大阪市立东洋陶瓷美术馆藏）

青花缠枝花卉纹盘（辽宁省博物馆藏）

青花花卉纹盘（残）（安徽濉溪县临涣镇至正十三年孙氏家族墓出土）

青花淡描云龙纹花口盘（残）（景德镇考古所藏）

青花龙纹小盘（内蒙古林西县博物馆藏）

青花鹿纹盘(残)(山东青州市博物馆藏墓葬出土)

青花岁寒三友图花口碟(首都博物馆藏)

青花菱花口盆（安徽省安庆市出土）

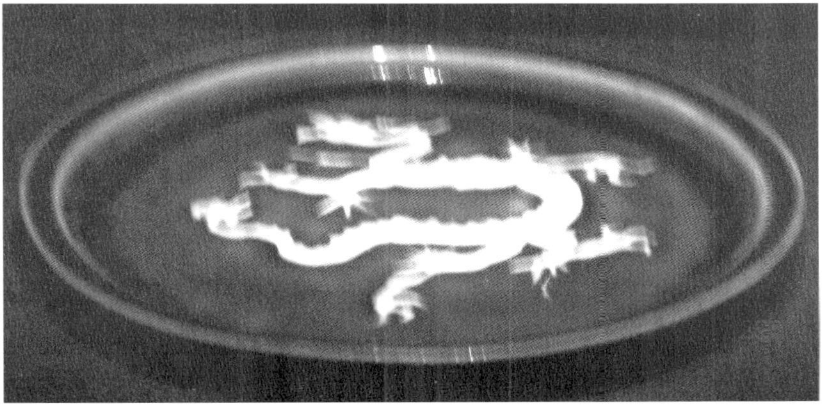

蓝釉白龙纹盘 （故宫博物院藏）

青花凤穿牡丹纹执壶（故宫博物院藏）

青花花卉执壶（安徽太湖县牛镇阮氏墓出土）

青花折枝花卉纹八棱执壶
（河北省博物馆藏）

青花串枝菜花纹执壶（上海博物馆藏）

青花凤首扁壶(首都博物馆藏)

青花缠枝花卉纹梨形壶(辽宁省博物馆藏)

青花凤凰瑞兽穿花四系扁方壶
（伊朗国家博物馆藏）

青花孔雀纹方扁壶（伊朗国家博物馆藏）

青花云肩双龙戏珠纹四系扁方壶（日本出光美术馆藏）

青花花卉纹执壶（法国吉美艺术馆藏）

青花折枝牡丹纹执壶（内蒙古文物考古研究所藏）

青花束莲纹梨形壶（首都博物馆藏）

青花花卉纺扁壶（残）（内蒙古林西县博物馆藏窖藏出土）

青花云凤首流扁执壶（残）（新疆维吾尔自治区博物馆藏）

青花仰莲纹匜（首都博物馆藏）

青花束莲卷草纹匜（中国国家博物馆藏）

青花双凤纹匜（甘肃临洮县博物馆藏）

青花人物图匜(西安市文物保护考古研究所藏)

青花莲纹匜(江西省博物馆藏)

青花兔纹匜（江西萍乡市博物馆藏）

青花匜（安庆出土）

蓝釉描金折枝花朵云纹（故宫博物院藏）

青花云龙纹高足碗（上海博物馆藏）

青花诗句缠枝花卉纹高足杯（高安市博物馆藏）

青花龙纹高足杯（南京市博物馆藏）

青花云龙纹高足杯（安徽省繁昌县元代窖藏出土）

青花云龙纹高足杯（安徽省繁昌县元代窖藏出土）

青花云凤纹高足杯（内蒙古文物考古研究所藏）

青龙纹高足杯（安徽繁昌新港元镇元代窑藏出土）

青花飞凤纹高足杯（江西萍乡市博物馆藏）

青花凤纹高足杯（内蒙古赤峰博物馆藏）

青花昭君出塞图高足杯（甘肃武威市博物馆藏）

青花花卉纹高足杯（内蒙古翁牛特旗博物馆藏）

青花岁寒三友纹高足杯（首都博物馆藏）

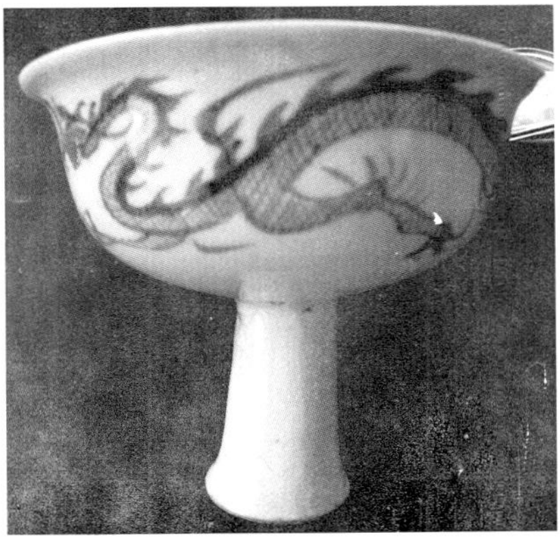

青花龙纹高足杯（内蒙古林西县博物馆藏）

青龙纹高足杯（安徽繁昌新港元镇元代窑藏出土）

青花菊花纹高足杯（残）（内蒙古林西县博物馆藏）

青花寿字款高足杯（残）（内蒙古包头文管处藏）

青花龙纹高足杯（内蒙古林西县博物馆藏）

青花串枝菊花纹碗（上海博物馆藏）

青花串枝菊花纹折腰碗（上海博物馆藏）

青花牡丹纹碗（南京市博物馆藏）

青花莲池鸳鸯纹碗（甘肃武威博物馆藏）

青花鸳鸯纹大碗（南京郎家山宋晟墓出土）

青花缠枝莲纹碗1
（香港艺术馆藏）

青花缠枝莲纹碗2
（香港艺术馆藏）

青花莲池鸳鸯纹碗（E本大阪市立东洋陶瓷美术馆藏）

青花龙纹碗（北京旧鼓楼大街元代窑藏出土）

青花牡丹纹大碗（土耳其托普卡比宫藏）

蓝地白花莲花纹大碗(土耳其托普卡比宫藏)

青地白花孔雀牡丹纹碗(残)(伊朗国家博物馆藏)

青花荷塘鸳鸯纹碗(残)(内蒙古包头文管处藏)

青花缠枝莲花鸳鸯纹高足碗（英国牛津大学阿斯莫林博物馆藏）

青花云凤纹高足碗（新疆维吾尔自治区博物馆藏）

青花莲池鸳鸯纹高足碗（残）（景德镇考古所藏）

青花八思巴文钵（景德镇考古所藏）

青花缠枝花卉纹盏、盏托1（首都博物馆藏）

青花缠枝花卉纹盏、盏托2（首都博物馆藏）

青花花鸟纹盏与托（安徽太湖县牛镇阮氏墓出土）

青花菊纹盏（山东青州市博物馆藏）

青花菊花蕉叶纹出戟觚1
（首都博物馆藏）

青花菊花蕉叶纹出戟觚2
（首都博物馆藏）

青花蕉叶纹觚（中国国家博物馆藏）

青花贴龙纹双耳觚（香港艺术馆藏）

青花人物杂宝纹六棱盖盒（大英博物馆藏）

青花云龙纹砚盒（残）（景德镇考古所藏）

青花束莲纹瓷盒（残）（安徽省博物馆展海齐阁藏）

青花莲池鸳鸯纹套盒（残）（上海博物馆藏）

青花狮钮盖炉（江西省景德镇陶瓷馆藏）

青花菊花纹连座炉（江西萍乡博物馆藏）

蓝釉三足炉（安徽省繁昌新港元镇元代窑藏出土）

青花八卦纹筒形香炉（故宫博物院藏）

青花缠枝莲花杂宝纹蒙古包（俄罗斯艾尔米塔什博物馆藏）

青花釉里红堆塑人物楼阁式谷仓（江西省博物馆藏）

青花山形笔架（杭州历史博物馆藏）

青花戴采铭火照（景德镇考古所藏）

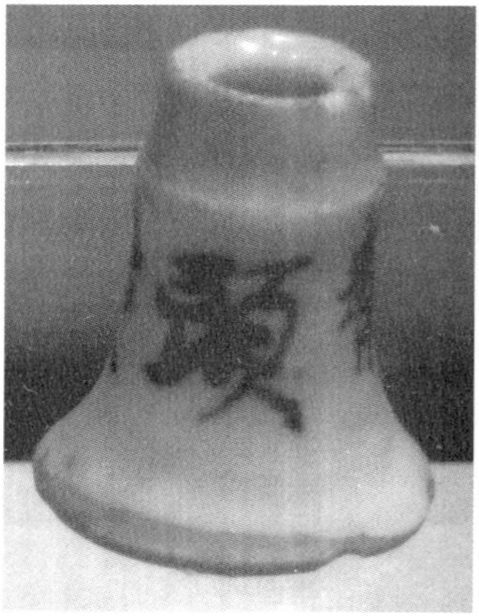

青花“头青”照子（景德镇考古所藏）

青花花卉纹鼎（故宫博物院藏）

青花缠枝牡丹纹器座（青海省博物馆藏）

青花缠枝花卉纹
镂空器座（英国
剑桥大学费茨威
廉博物馆藏）

后 记

《馆藏元代青花瓷器的另类解读》终于奉献给读者了。

这首先要感谢本世纪几次较大规模的元青花瓷器展览，即2007年5月安徽省博物馆成立50周年时的元代瓷器展、2009年3月北京首都博物馆举办的“青花的记忆——元代青花瓷文化展”和2012年10月上海博物馆举办的“幽蓝神采——元代青花瓷器大展”，没有这三个馆展出的一百几十件元青花瓷器（安徽省博物馆展出了20多件，首都博物馆展出了73件，上海博物馆展出了80多件，其中有重复的展品），我们不可能对元青花瓷器有相对比较全面的了解。因此对于元青花瓷器的研究来说，这三个博物馆的展出是功德无量的事情，它为我们撩开了元青花瓷器的神秘面纱。

我们还要感谢全国许多博物馆朋友的支持，本书列出的元青花瓷器总数有232件之多，其中大约有100件，没有在上述的三个展览中出现，那是散布于各地的各类大小博物馆中，有的我们在展示厅中细心观摩，有的我们在仓库中上手端详，没有博物馆工作人员的热心支持，本书的写作一定还会存在更多的遗憾。

在此，特别要感谢上海博物馆的一些研究人员，他们不仅为我们的研究提供了各种物质上的帮助，更在对元青花研究的学术上为我们开启了一些新的思路，以使我们对元青花的研究少走一些弯路。没有这些朋友的帮助，我们很可能至今还在元青花研究中徘徊，走不出元青花研究的迷宫。

我们还要感谢许明博士等民间收藏爱好者的支持，特别是许明博士远渡重洋数次从土耳其和伊朗摄制的传世元青花瓷器照片，为我们开拓视野并深化了对元青花瓷器的认识，起到了十分重要的作用。本书中的一些还未在国内展出的土耳其和伊朗馆藏的元青花瓷器图片，就是许明先生慷慨提供的，这种不以学术资料为己有的无私提供，是很值得各个领域的学者学习和以此为楷模的。

我们特别要感谢上海大学出版社的领导及本书的责任编辑柯国富先生，他们对本书的关注和耐心，一方面使我们写作时以十分严谨的态度对待每一个论点和展开的叙述，这样势必延缓写作的进度；而另一方面旷日持久的写作又愧对出版社的诚意。好在长久的相处使彼此的合作已经达到心领神会的地步，数年的选题终于在相互理解中得以完成。

我们更要感谢在本书中出现的各位专家学者和民间收藏家，不管他们的意见和观点如何，他们都为我国的元青花瓷器的研究作出了不少贡献，没有他们的努力，我们也许还不会写作这部著作，也许还会在黑暗中摸索。

读者也许认为本书的写作从2007年开始酝酿，其实不然。

1992年当我们接触到上海人民美术出版社出版的《东方的青花瓷器》一书时，就开始了对元青花瓷器的关注。而后，在了解了大英博物馆的霍布逊在观赏从我国外流的元代青花云龙纹象耳瓶后发表的《明以前的青花瓷》一书以及美国弗利尔艺术馆的约翰·波普博士的《14世纪青花瓷器：伊斯坦布尔托普卡比所藏一组中国瓷器》、《阿德比尔神殿收藏的中国瓷器》这两本书后，更使我们萌动了研究元青花瓷器的意愿。同样是上海人民美术出版社的《中国美术分类全集·中国陶瓷全集》的问世，使学习和研究有了比较充实的资料。但是书面材料是远远不够的，在我们的学术研究生涯中，一直遵循着这样的原则，即绝不用资料和实物来证实自己原先的设想，而是从实物中提炼事物的本质。元青花瓷器的研究只能是元青花瓷器本身说了算！因此，为了展开真正的研究，我们开始了对各地元青花瓷器的追寻，为此，我们足迹遍布许多省市，从江西高安到内蒙林西，从江苏南京到河南开封，在十多年的奔波中，不仅看到了许多不为人知的元青花瓷器，也

图1　笔者（右）与高安市博物馆馆长在一起

接触了不少相关人士。他们中既有文博界的学者和管理者，也有不少民间收藏爱好者和研究者。我们虽然和上海博物馆的陆明华先生谈不上深交，却也在20世纪的80年代有过一次小小的交往；我们曾经和高安市博物馆的馆长把盏言欢（图1），也曾经受教于景德镇陶瓷考古所的所长（图2）；我们拜访过婺源博物馆和林西博物馆的馆长，对这两个馆的元青花瓷器一饱眼福；我们聆听过张浦生先生的元青花瓷器讲座，也和许明先生有过深入的探讨，我们有幸拜会了伊朗博物馆的馆长（图3），也有幸地向孙学海老先生请教（图4）。各方面的不同意见，各种不同样的元青花瓷器，所有这些，都使我们对元青花瓷器有了一种深切的感受。我们提供给读者的232件元青花瓷器，并不是

图2　笔者（左一）与景德镇考古所所长江建新（左二）合影

我们掌握的元青花瓷器的全部，我们手中的资料已经接近400件，比如山东荷泽出土的元青花龙纹罐、江苏句容出土的青花云龙纹梅瓶、赤峰市出土的青花玉壶春瓶、淮安出土的青花缠枝牡丹纹双兽耳盖罐等等，应当说明的是，剩余的部分都是一些书面翻拍的资料，这样的图片不能真实地反映元青花瓷器的本身，所以我们不得不忍痛割爱。但要说明的是元青花瓷器还在不断出土，读者

图3　笔者（左）与伊朗博物馆馆长合影

可以不断充实元青花瓷器的实物资料，任何把元青花固定在某个节点上的思维方式特别是以数字来量化元青花瓷器的研究都是不妥当的。

当我们即将完稿时，北京的中国国家博物馆有三件英国的元青花瓷器在展出（图5、图6、图7），新的元青花瓷器还会不断地被我们所了解。元青花瓷器还会不断出现，它的数量和品种可能不会穷尽，我们之所以不把我们所能掌握的元青花图片全部贡献给读者，其原因也就在于此。留点悬念、留点暇想可能更利于元青花的研究。

而且，我们也知道，在本书的资料整理过程中，一定还会有遗漏和错误之处。比如我们就发现，在首都博物馆展出的一件伊朗青花牡丹纹梅瓶（图8），没有被统计进去。除此之外，我们在叙述元青花的各类概况或者介绍特征时，也可能存在错误或者遗漏，我们真诚地希望读者的批评指正。在元青花瓷器研究的进程中，集思广益才是真正达到真理彼岸的最好途径。

图4　笔者（左）与原任国家文物鉴定委员会委员孙学海在一起

我们也知道，仅凭我们的学识，要对元青花瓷器作出学术上卓有成效的研究，恐怕是力不从心的，何况我们也不愿步人后尘，我们的研究也只能以己之长发挥自己的优势，才能

图5　维多利亚与艾伯特博物馆藏青花伊朗加装八角罐

图6　大英博物馆藏青花鱼藻纹大盘

图7 维多利亚与艾伯特博物馆藏青花牡丹纹盘

在元青花瓷器研究的纷争中找出属于自己的一席之地。于是就有了我们先前的著作《元代青花瓷器的呈色奥秘》，也有了今天这本《元代青花瓷器的另类解读》。说是另类解读，实质上是跳出传统的瓷器研究的窠臼，在关注瓷器的胎料、器型、图案纹饰、工艺和釉色的同时，更把注意力集中在瓷器产生的社会环境，从社会学、统计学、逻辑学和哲学的角度来对元青花瓷器本身作出科学的判断，使扑朔迷离的元青花瓷器研究能够还原历史的本来面貌。这种尝试是大胆而又新颖的，它能否成功，还有待于读者的认可。我们不求它能获得

图8 伊朗馆藏青花牡丹纹梅瓶

广泛的喝彩，只求它能提供一种思考的方式，我们想说的是，条条大路通罗马，对元青花瓷器的研究，应该是全方位和多角度的。

拙作《元青花瓷器的呈色奥秘》，在当当网上已有198人作了评价，99.5%的评语者强烈推荐购买；在京东网上也有29条评语，很喜欢的读者也占到97%。读者的喜爱是对作者最好的奖励，但愿《元代青花瓷器的另类解读》也能获得读者的青睐。

在整个探索过程中，我们还得到了其他同志的不少帮助，在此感谢叶舒宪、江建新、戴定九、丁叙均、邵国田、王刚、刘志一、厉惠良等先生的鼎力相助，感谢应伟达、张帆先生的资助，感谢荆云波、翟扬、朱春玲、冯博婷、唐启翠、杨骊在考察中的热心帮助，感谢孙菡、王芳、郑均宜、侯瑞雯、孙汉卿、张文芳、李从新、干诗雨在资料编辑中的协助，没有他们的帮助，我们的探索将步履艰难。